宮崎恭一

呼び屋一代

マドンナ・スティングを招聘した男

講談社＋α新書
プラスアルファ

序　章　開演のご挨拶

「呼び屋」というのは海外のアーティストを招聘《しょうへい》して公演を実現させるプロモーターのことですが、僕は長年にわたって音楽プロモーターとしての仕事に関わってきました。大儲けしたこともあれば大損したこともあります。浮き沈みの激しい業界です。

簡単に自己紹介しておけば、僕は1948年、栃木県との県境にある茨城県の小さな村で生まれました。高校は茨城県下でも一番の名門校である県立水戸第一高校に進み、それから上京して成蹊大学に進みます。僕は大学生の頃からコンサートのチケット販売を手掛けたりしていましたから、その頃から「呼び屋」としての才能があったのかもしれません。

大学卒業後、水戸市内でレコード店を経営し、地元でフォーク歌手やクラシック音楽のコンサートをずいぶん手掛けました。その後、上京し、紆余曲折を経て、いよいよ本格的に外国人アーティストの招聘にたずさわるようになります。

日本で最初にマドンナを呼んだのが僕でした。その実績を買ってくれたのだと思いますが、西武百貨店が僕をスカウトしてくれました。また電通スポーツ文化事業部の勝田祥三部長からも、「電通が音楽関係の子会社を設立するから責任者として来ないか」とお誘いを受けました。勝田氏は僕の師匠でした。僕は迷いましたが、家族会議を何度も開き、結局、尊敬する堤清二《つつみせいじ》さん（西武百貨店、西友、クレディセゾンを含むセゾングループ代表）の下で仕事をしたいと思い、西武でコンサート事業を担当する部長になりました。そこまで、僕は1980年代のロック、ポップスからクラシック音楽まで幅広くやったものです。90年代に入って独立、絶頂期に入りました。ジャズやバレエ団の招聘もしました。振り返ってみれば、「呼び屋」の世界では大手の「キョードー東京」と「ウドー音楽事務所」の二強時代が続きます。そのなかで僕は、徒手空拳、人脈を駆使し、独立系の「呼び屋」として孤軍奮闘してきました。

本書に記すのは、僕が50年にわたって内外のアーティストと関わってきた「呼び屋」としての個人史であると同時に、日本の音楽史でもあります。ここには誰もが知っている、綺羅《きら》星《ほし》のように輝いた著名なアーティストたちが多数登場します。さあ、開演です。興味を持って、最後までお読みいただけましたら幸甚です。

「呼び屋一代」マドンナ・スティングを招聘した男／目次

第3章　僕の音楽遍歴

第4章　「クイーン」を呼ぶ

第5章　「呼び屋」として独立――「クワイエット・ライオット」「ボブ・ジェームス」「オスカー・ピーターソン」を呼ぶ

第6章　スティングを呼ぶ

第9章　「ビリー・ジョエル」「ローリング・ストーンズ」「ホイットニー・ヒューストン」「サイモン&ガーファンクル」を呼ぶ

第10章　「トロカデロ・デ・モンテカルロ」を呼ぶ

第11章 「トロカデロ」から「グランディーバ」そしてKポップへ

第12章 韓流ブームで「JYJ」を呼ぶ

第13章　超一流テノール「カウフマン」「グリゴーロ」「フローレス」を呼ぶ

終　章　閉演のご挨拶　199

第1章

日本で最初に「マドンナ」と「ボン・ジョヴィ」を呼ぶ

マドンナとボン・ジョヴィの前座時代

マドンナは世界中でヒットを飛ばした米国を代表するポップス歌手。1981年ソロデビューし、83年にリリースされた「ラッキー・スター」がヒットし、84年の「ライク・ア・ヴァージン」の爆発的なヒットで世界中に火がついた。

ボン・ジョヴィは、米国を代表するハード・ロック・グループで、84年のデビュー。「リビン・オン・ア・プレイヤー」「イッツ・マイ・ライフ」など大ヒット曲が多数ある。

まず最初に、マドンナとボン・ジョヴィを呼んだときのことからお話ししましょう。

30代に入ったころ、当時、僕は「DMS」(ダイレクト・メール・サービス)の子会社「ACCS」の社長をやっていました。業務の内容は、コンサートのチケットを担保にとって、プロモーターにお金を貸すというもので、10パーセントの手数料をとっていました。

そのころの業界では、海外からアーティストを呼ぶのに資金が必要でしたが、チケット代金は公演後にしか入ってこないので、プロモーターには彼らのギャラを前金で払う手持ちの金がないということがしばしばでした。そこでうちの会社がチケットを担保にしてその資金をプロモーターに貸すという仕組みになっていました。精算するのはコンサート終了後のチケット代金の売り上げからで、公演が当たれば大儲けですが、チケットが売れず閑古鳥が鳴くと、貸した金が返ってこなくて損を出してしまいます。

83年春のことです。僕は招聘会社である「音楽舎」の秦恒一郎社長と一緒にニューヨークへ行きました。秦社長が懇意にしているポール・オニールという、プロデューサー兼エージェントで作詞作曲も手掛けているという人物に会うためです。ポールは、初期のころの「エアロスミス」のマネージャー兼楽曲づくりのゴーストライターだったという噂もあったくらいハード・ロックやヘビー・メタルに強く、多くのアーティストを抱えるやり手でした。秦社長はヘビメタが大好きで、このときのニューヨーク訪問は、そのポール・オニールに会い、ニュージャージー州で開催される大規模なロックフェスティバルとスコーピオンズ（ドイツ出身のヘビー・メタルバンド）のコンサートを観るのが目的でした。

後年、僕が「呼び屋」として一本立ちすることになったとき、このポール・オニールとの関係がとても重要になりました。彼とは親友になりました。ちなみに僕は彼から「ザック」

と愛称で呼ばれていました。ポール・オニールが、ミヤザキを「ミヤダキ」としか発音できなくて、それで「ザック」と呼ばれるようになったのです。余談ですが、かのスティング（ポリスのベース兼ボーカル。グラミー賞を5回受賞。ポリス解散後にもソロとしてグラミー賞を獲得する）にも「ザック」と呼ばれていました。

話は戻って、そのフェスティバルの前座に、まだそれほど売れていなかった「マドンナ」が出ていたのです。スコーピオンズのコンサートの前座が「ボン・ジョヴィ」でした。秦社長は、ボン・ジョヴィには関心を示しませんでした。彼は以前、アイドル的な若手ロックグループの「ベイ・シティ・ローラーズ」を日本に呼んで大儲けをしたことがあります。当時、音楽舎には連日、チケット代を入れた現金書留が郵便トラックでどんどん運び込まれたという伝説があったくらいです。当時のチケット代は現金書留で郵送というのが一般的だったのです。

ところが、ベイ・シティ・ローラーズとは来日したときに何かの事情で揉めて、それで秦社長は二度とアイドル系バンドはやらないと決めたのだとか。ボン・ジョヴィはルックスはアイドルみたいに見えたので、秦社長は関心を持たなかったのです。ちなみに、当時、外国人アーティストの招聘元としては「キョードー東京」「ウドー音楽事務所」「ユニバーサル」

が最大手で、音楽舎はそれに次ぐくらいの規模の会社でした。

秦社長は興味を示さなかったのですが、僕はマドンナとボン・ジョヴィは日本でも売れるんじゃないかとピンときました。それでポール・オニールと、日本での公演を最初に手掛ける権利として「ファースト・オプション」の契約を結んだのです。「どのくらい払えばよい？」と聞くと、当時のお金で1万ドル、日本円にして240万円から250万円くらいの契約金でした。それですぐに手付けを打って、二人に関するいろんな資料をもらって日本に帰ってきました。

帰国して、マドンナとボン・ジョヴィのビデオを、最初に僕の妻に見せました。彼女は外国の音楽に詳しく、なかなかの目利きです。彼女の反応は、ボン・ジョヴィは「軟弱」で、マドンナは「下品」というツレない反応でした。そんなものかとは思いましたが、初めて会ったときのマドンナは、めちゃくちゃ愛想がよくてかわいかったのです。

次の日、僕の親会社の「ＤＭＳ」の社長に相談しました。「ＤＭＳ」は電通の下請け仕事もやっていて、社長から電通でイベント等を手掛けるスポーツ文化事業部の勝田祥三部長に会いに行けと指示されました。

勝田さんに会って二人の資料を見せたところ、ボン・ジョヴィにはまったく興味を示さなかったのですが、マドンナについては、「CMはオプション契約に入ってるの？」と聞いてきます。そして「いつ日本に帰ってきた？」と聞くので「昨日です」と答えると、「疲れてるよなあ。明日、ニューヨークに行ってくれる？」と冗談みたいに言うのです。

「わかりました、行ってきます」ということで、僕はすぐにニューヨークに飛んで、マドンナのマネージャーに会いました。マドンナとすでに結んだファースト・オプション契約に、CM条項を加えてもらうためです。先方は三つの条件を出してきて、アルコール、武器、ドラッグはダメだと言ってきた。「もちろん」ということでCM出演の件も契約に入れてもらいました。帰国して、勝田さんからは「よくやった」と褒められました。

マドンナの最初の印象は、小悪魔的な雰囲気を醸し出していて、男に媚びている感じでした。「マリリン・モンローの生まれ変わり」という触れ込みで、とにかく美人でキュートだったので、日本でも売れるんじゃないかと思ったのです。彼女はその直後、83年にメジャーデビューを果たし、ファーストアルバムの中からリリースされた「ボーダーライン」と「ラッキー・スター」が連続してヒット。セカンドアルバムから出た「ライク・ア・ヴァージン」が大ヒットして世界中でブレイクすることになります。僕の目に狂いはなかったことが証明されたというわけです。

電通の勝田さんもボン・ジョヴィには関心がありませんでした。だけど僕は、ボン・ジョヴィは売れると思っていて、日本ではまだ彼のレコードが出ていないことに驚いたくらいでした。それで、高名なハード・ロック&ヘビー・メタル好きな音楽評論家の伊藤政則氏にデモテープを聞いてもらうと、「これ、いいんじゃない」という反応で、レコード会社の日本フォノグラムを紹介してくれたのです。

それがボン・ジョヴィのデビュー・アルバム「夜明けのランナウェイ」で、日本でも84年5月にリリースされました。これが売れました。それが縁で、同年、所沢の西武球場や大阪南港、名古屋などでスーパーロック'84イン・ジャパンを開催したときには、秦社長の気持ちが変わって、当初予定されていたクワイエット・ライオットを変更してボン・ジョヴィを呼ぶことになったのです。ニュージャージーで観たときには前座だったけど、西武球場ではスコーピオンズと並んでメインの一つになりました。83年当時は、売れてなくてキャンピングカーに寝泊まりしてコンサート活動をしていたくらいですが、日本では熱狂的な歓待ぶりとなりました。

マドンナのヌード騒動でＣＭキャンセル

その一方で、マドンナはコンサートより先にＣＭが決まったら日本に行くということになっていましたが、なかなか決まりませんでした。彼女は84年になると世界中で売れていたので、ＣＭの本契約となるとその金額は10万ドルに跳ね上がっていました。日本でのＣＭ出演をめぐっては、相当揉めたのです。

マドンナのＣＭでは、最初、電通が日立製作所から内諾を取ってきました。それでまた僕にニューヨークに行って来いというので、マドンナのマネージャーにプレゼンしに行きました。ところが帰国して話が決まりかけたところで大事件が起こります。マドンナが、まだ売れる前にヌード写真を出していたことが発覚したのです。当時の日本では、ヌードになったタレントのＣＭ出演はＮＧでした。それで日立が降りました。スキャンダルにもかかわらず、彼女は世界中で売れていたのですが、ＣＭの効果を考えるともったいない話です。

それで次に日産自動車が候補に挙がりました。売り出し中だった小型車の日産マーチのＣＭに使いたいということで、僕は絵コンテをもって交渉に行きました。そして帰国すると、またしてもトラブルが起こりました。今度はポルノ映画に出演していたことがアメリカで話題になっていたのです。それで日産との話も流れてしまったのです。

もうあとがありませんでした。勝田さんから、「これがラストチャンスだ。ダメなら諦めろ」と言われ、ある日、赤坂の料亭に呼び出されました。今度の候補は三菱電機です。料亭で、電通幹部と三菱電機の会長が会うことになっていたのです。僕にはちょっとした策がありました。前もって、芸者衆に頼んでおいて、マドンナを褒めてくれるように仕込んでおいたのです。それで、会食中、芸者さんが口々に「マドンナ来ますの？　チケット取って」と言ってくれました。その会長はマドンナなんて知らなかったのですが、「そんなに凄いのか？」と驚いていました。それでその場でマドンナのＣＭ出演を即決してくれたのです。86年からマドンナ出演の三菱電機のＶＨＳビデオデッキのＣＭが流されましたが、これは大当たりになりました。契約金は、当時の日本円で2億円前後だったと記憶しています。

マドンナの初来日の狂騒曲

ＣＭが決まったので、次はいよいよ日本に呼べることになりました。87年6月が公演としては初来日です。とはいえハプニングの連続で大変なことばかりだったのです。そもそもは、うちの会社（前出ACCS）がファースト・オプションの契約を結んでいたので、うちに呼ぶ権利があるはずなんですが、電通立ち合いのもと、契約はACCSで現場の仕切りは「キョードー東京」というように決まりました。

ただし、チケットの販売権はうちが独占的に扱うことになりました。5回公演で、いまはなき後楽園球場で3回、大阪球場で2回、会場を押さえました。チケットの販売枚数は計16万5000枚で1公演あたり3万人超。各会場、それぞれ満杯になって3万人ですから、ステージ裏とか両サイドとか、正直いえばステージがよく見えない席まで売りました。

コンサートツアーは三菱電機の1社だけがスポンサーでしたが、チケットの争奪戦が凄いことになりました。三菱電機がインナー（関係者チケット）としてグループ企業にまでチケットの希望を取り、集計してみたら15万枚になったらしいのです。それは無理な話です。結局、インナー席は1万枚で我慢してもらいました。僕のところにも、10年も20年も音信不通だった友人からガンガン、連絡が来たくらいです。それくらいマドンナ来日の注目度は高かったわけです。

公演は、マドンナ初のワールド・ツアーとなり、日本からスタートです。最初に大阪、次に東京で公演を行いました。大阪では、彼女の要望で北新地の全日空ホテルの宿泊となりました。大阪ではジョギングをしたらしいです。

東京での宿泊はホテルオークラ。そうしたらコンサート前日、突然、マドンナが東京ディズニーランドに行きたいと言い出しました。交渉の末、オリエンタルランドのご厚意で、一般客は午後5時で終了。その後、貸し切りにしてくれることになったのです。マドンナ一行はマネージャー、ボディーガードなど車3～4台に分乗してディズニーランドに向かいました。僕も小学生の娘を連れて同行させていただきました。マドンナは、僕の娘と、バックダンサーの若い男の子と仲良くしていました。でも、誰もいないガランとしたところで遊んでも面白くなかったのでしょう。マドンナはたちまち「つまんない」と言い出して、早々にディズニーランドを引き上げることになったのです。

そしていよいよ東京でのコンサート初日を迎えます。ところが朝から大雨になりました。オークラのレストランでマドンナも含め関係者で朝食をとっていましたが、雲行きが怪しくなりました。当時のコンサート会場の後楽園球場はドームではなく野外ステージだったのですが、チケットには「雨天決行」とあります。僕は後楽園球場に天気予報を聞いてみましたが、午後から曇り、夕方から晴れという返答でした。けれど、連中はCNNの天気予報を見ていて、そこでは東京は一日中、雨の予報でした。しかも、現場イベンター（キョードー東京）の幹部が、「この雨じゃ無理だね」と余計なことを言うのです。マドンナは「じゃあ中止ね」と言って、午後から行方不明になってしまったのです。

私は午後、後楽園のステージを見に行きましたが、たしかにステージは雨で濡れていました。やれないことはないと思いましたが、肝心のマドンナが行方不明で所在がわからないし、ステージで滑って転んで怪我でもされたら次の日からの公演が全部中止になってしまいます。すでにお客さんは会場に続々と来ていました。しかし、当のマドンナが行方不明ではコンサートのやりようがありません。仕方なく、「ステージが濡れていて、ダンスをすると滑って危ないので中止にします」とアナウンスしました。可哀そうだったのは、ダフ屋から24万円でチケットを買った20代の若い女の子でした。もうわんわん泣いていました。そのあと、後楽園球場で記者会見をしました。１００人くらいマスコミが来ていて、「雨天決行」とあるじゃないかと、散々つるし上げにあいました。ずっと謝りっぱなしで、さすがにまいりました。

翌日からは開催することができて、無事、公演が成功し、品川にある三菱グループの迎賓館で打ち上げ会が開かれました。１００人ほどの立食形式のパーティーでしたが、三菱の重鎮が、マドンナ会いたさで、ズラリと勢ぞろいしました。うちの会社のオーナーは、感謝のしるしとしてマドンナに真珠の首飾りをプレゼントしました。マドンナから頰にキスされて赤い口紅がべったりつきましたが、オーナーは喜んで、パーティーの間中、口紅を落とさなかったですね。

思い返せば、僕が一番感激したのは、ロスでのリハーサルをキョードー・グループの創立者である内野二朗氏と観に行ったときのことです。マドンナは、僕に「ドリーム・カム・トゥルー」といいました。「私がやりたかったワールド・ツアーの夢がかなった。あなたのおかげよ」と感謝されたわけです。これは嬉しかったですね。

後日談として。後年、僕の娘が成人して僕の仕事を手伝うようになり、ニューヨークに駐在するようになった折に、五番街にある超有名百貨店の「友の会」に入ったのですが、抽選で100名がマドンナにメッセージを渡せるというイベントがあったらしいのです。応募したら当たったので、娘はマドンナに「初来日公演のときにあなたを呼んだのは父です」と書きました。そしたら、マドンナから「明日、暇?」とか聞かれて、ヤンキースタジアムで行われたコンサートに招待してくれたのです。以来、娘はマドンナの追っかけになって、ロンドンのコンサートなど、何度もツアーに行くようになりました。

マドンナ2回目の来日公演、交渉の舞台裏

１９８７年秋、僕は堤清二氏が経営する西武百貨店が作った、イベントを手掛ける事業部に担当部長としてスカウトされました。マドンナの初来日を手掛けた実績が買われたわけです。それで89年秋、西武百貨店の仕事としてマドンナの2回目の来日公演を手掛けることになります。

当時、マドンナとの契約は１０００万ドルに跳ね上がっていました。このとき、旧知の間柄だった「ディスクガレージ」の市川義夫社長から思いがけない話が飛び込んできました。彼はマドンナの公演で千葉市と交渉していました。幕張に千葉マリンスタジアムがオープンする。その記念にマドンナ公演をやってほしいというわけです。これは破格の条件でした。千葉市が西武百貨店に協賛金として１０００万円を支払う。さらにマリンスタジアムの使用料は無料でいいというわけです。

通常、野外コンサートでは設営に1日かかります。3公演やってオフがあり、また3公演をやる予定でしたが、その期間、10日間、機材は置きっぱなしでいいということでした。こ

れは経費が浮きます。通常ならオフの間に別の公演があって、そのために一回設営をバラし、オフの後に公演をやるときにまた組み立てる、となりますが、置いたままでいいということは一回分、セットアップとバラしの経費5000万円が浮くことになります。しかも使用料はタダですからね。

「ディスクガレージ」の社名は、もともとはユイ音楽工房が吉祥寺で始めたレコード店の名前で、それが会社の出発点でした。のちにユイ所属のタレントを中心としたコンサート会社として独立するわけです。いまでは日本最大級のイベント会社になっていますが、このときの設立メンバーの社長が市川氏で、他に現会長になっている中西健夫君と石坂君の三人がメンバーでした。

ところが、それほどの好条件だったのに、西武百貨店の僕の上司が承諾のハンコを押さないのです。リスクがあると言うのですが、こっちはわけがわかりません。それで僕は、セゾングループのクレディセゾンの青木辰男《あおきたつお》会長（元第一勧業銀行副頭取）を通して、直々に堤清二氏に了解を取ってもらった。ところが、またしても思わぬ妨害が入りました。同じころ、ライバル会社となる「キョードー東京」の嵐田三郎《あらしださぶろう》社長も、マドンナのマネージャーと来日公演の交渉をしていたのです。キョードーは、「幕張なんて千葉のド田舎でマドンナにはふさわしくない」「うちは東京ドームでやる」と言って、西武の幕張公演を潰そうとしたのです。

マドンナのマネージャーからは、「ミヤザキは東京と言っていたが、キョードーは千葉の田舎だと言っている。どういうことだ。説明に来い」と言われ、僕は慌ててニューヨークに飛びました。上司の許可はまだ下りてなかったから出張費も出ません。僕は自費で行きました。このとき、ニューヨークで合流した、以前ＪＡＬ（日本航空）に勤務していた通訳の女性スタッフに、ＪＡＬのニューヨーク支店に英文で書いた関東地方の地図があるから借りてきてほしいと頼んでおきました。それで、マドンナのマネージャーと弁護士二人に、その地図を見せて、書いてある文字を「プリーズ、リード」と言って読ませました。成田空港は「トーキョーエアポート・インターナショナルターミナル」、次に浦安の「トーキョー・ディズニーランド」、「ヒア」と言って幕張を示した。幕張はディズニーランドのお隣、「ネクスト・ドア」だと説明した。先方は、「オー、トーキョーだ」と言い、それで「じゃあわかった。ミヤザキを信用する」となったわけです。

実は、キョードー東京の嵐田社長は、セゾングループの西友・高丘季昭《たかおかすえあき》会長と麻布中学の同級生でツーカーの仲だったんだそうです。僕は高丘社長に呼び出されました。「誰の了解を得てマドンナをやっているんだ」というわけです。僕は堤清二代表から許可を得ていると答えましたが、「そんなこと私は聞いていない」の一点張りです。そして「マドンナは西友でやることになった」と言い渡されます。

ついでに「東急とうちが組めるわけがない」とも怒られました。マドンナの公演はエステのエルセーヌのCM出演とセットだったのですが、広告代理店の東急エージェンシーが扱うことになっていて、当時の東急エージェンシーの前野徹社長は西武百貨店の水野誠一社長宛てにCM1本100万ドルを東急が西武に払うという誓約書を発行していました。高丘会長は、「そんな品のないエステなんてマドンナにふさわしくない」「西武と東急が組めっこない。電通に頼め」と一方的にまくしたてるわけです。

その場に、高丘会長のほかに役員が数人同席していました。僕は、「東急と組めないと言いますが、すでに東急と組んで、大王製紙が1億円のスポンサーになって渋谷でミュージカルをやっていますよ」と説明しました。さらに、「今度、赤羽（東京・北区）に西友の旗艦店を出しますよね。メインのテナントはエルセーヌですよ」「CMを断ったらテナントの話は壊れますよ」と付け加えました。すると役員は「えー！」という顔をして凍りついていました。

最終的には、西友主催でマドンナ公演をやることになりました。僕が手掛けていた案は、マドンナへの契約金1000万ドルで、公演の内訳は千葉マリンで6回、大阪2回、名古屋1回、福岡1回の10公演で、エルセーヌのCM付き、さらにはコンサートビデオの権利も取れるというものでした。西友がやろうとした案では、キョードー東京と組んで、9公演900万ドルというオファーになっていました。高丘会長は、「100万ドル高かったら誰でも契約を取れる」とうそぶいていました。

結果、90年4月に2回目の来日となるわけですが、主催は西友で実際の公演はマリンスタジアムが3回、横浜スタジアムで3回、兵庫・西宮で3回、となりました。結局、電通はマドンナのCMを決めきらなかったし、千葉市は最初の約束と違うと言って、1000万円の協賛金はパーとなり、球場の使用料も無料ではなく支払うことになったのです。

先に西友主催と言いましたが、正確には西武と西友が共同出資して作った「SSP（西武・西友プロモーション）」が手掛けていました。社長には、キョードー東京で社長だった内野二朗氏が就任していました。彼はSSPの立ち上げに際し、「1990年のビッグイベント」というイメージ広告を全国紙でぶち上げました。マドンナ、ロリン・マゼールの公演を実現するというわけです。マドンナの2回目の来日と池袋の東京芸術劇場でのロリン・マゼール指揮のクラシック公演は実現しました。だけどマドンナ公演は経費が掛かり過ぎて儲からなかったと聞きました。結局、ＳＳＰは3年間で30億円の赤字を出して、幕を閉じることになりました。僕はこのときの確執がもとになって、この後、西武を退職することになります。しかも、とんでもないごたごたに巻き込まれたものです。それについては改めて話したいと思います。

マドンナについて言えば、初来日のころのマドンナは絶頂期で、輝いていましたし、ほんとに可愛らしかったです。でも、外国人というのは歳を取るのが早いですね。１９９０年、マドンナにエステの会社「エルセーヌ」のＣＭに出てもらうためにロスに飛びました。絵コンテを見せてマネージャーと打ち合わせしているときに、偉そうに口を挟んでくる女性がいたのです。それでマネージャーに「誰？」と聞いたらマドンナ本人でした。スッピンだったから誰だか全然わからなかったんですよ。ステージでは厚化粧なんですね。「こんなに変わるのか！」と驚きました。ロスで撮影したＣＭは、本物の象に、ほとんど裸みたいなマドンナがまたがって、みたいな映像でしたが、2年間、日本で流れました。よくつきあってくれたと思います。91年、エルセーヌがやってくれた2回目のＣＭは、西武を辞めた後、僕の会社「ザックコーポレーション」が扱うことになりました。ＣＭ出演にかかった金は1億円で、うちには1000万円が入りました。

第2章

故郷で「吉田拓郎」「キャロル」「海援隊」「河島英五」を呼ぶ

水戸でレコード店を開業し、フォーク歌手のコンサートを仕切る

僕が「呼び屋」になる前の時代のことを話したいと思います。思い返してみると、早くも学生時代から「呼び屋」みたいな仕事をやっていたのです。

僕は地元の名門校の水戸一高で学んでいたころ、大学進学を考えていたのですが、父親の製材業が苦境に陥っていました。経済的に浪人はできないから受験は一発勝負。早稲田、成蹊、一橋を受けたのですが、早稲田、一橋は不合格で、結局、成蹊大学に行くことになりました。

３年生の時、早稲田大学のグリークラブや軽音楽ソサエティに入っている高校時代の友人から、コンサートチケットを売るのに相談を受けました。当時、水戸一高から早稲田に進んだＯＢが大勢いました。そこでＯＢ名簿を片手に、片っ端から連絡を取り、お願いしました。自分は早稲田の学生ではなかったのですが、水戸一高の同じＯＢでしたから、先輩方は快く買ってくれたものです。会場は、水戸にある茨城県立県民文化センター（現ザ・ヒロサワ・シティ会館）で、収容人数は約１７００人。それが満員になりました。このとき、手数

料として300万円を儲けたのです。当時、大卒の初任給が3万円だった時代ですから、これはかなりの額になりました。

大学の4年にあがる時、実家に帰ると父が再婚していて、後妻との間にはすでに1歳の子供がいました。父はそのことをずっと黙っていたのです。本来、自分が跡取りとして家業を継ぐという話だったので、一応、在学中から約束通り父の会社に入ったものの、後妻との間の子供が跡取りに決まってしまい、自分のいる場所がなくなってしまいました。

1970年、大学を卒業して父の会社を辞めたあと、僕は写植の仕事を始めました。そして24歳の時に、当時富士ゼロックスに勤めていた22歳の女性と結婚しました。その後、妻と相談してレコード店を出すことになりました。最初に出した店は、水戸の繁華街の泉町1丁目、伊勢甚百貨店の西口近くにありました。

30坪の店の半分を「SOUNDS」という名前のレコード店に、あとの半分を「ルオー」という名前の喫茶店にしました。これはけっこう流行《はや》ったんです。レコードを買ってくれたお客さんには喫茶のサービス券を付けるというアイデアが当たったのです。レコード店の商売は順調で、その後、3丁目の表通りに店舗を移し、このころには県内のレコード店では2番手になり、やがて県内に5店舗の支店を設けるようになりました。その間、「みと」という名前のタウン誌も出すことしました。これは写植をやった経験が生きたと思います。

そのうち、フォークシンガーを呼んでコンサートをやることにしました。今ではとても考えられないと思いますが、当時の音楽業界は、レコードの販売セールスで成り立っていて、コンサートはレコードを売るための単なる宣伝だったのです。だから、レコードを売るために歌手は地方巡業をやっていました。「イベンター」と当時は呼んでいましたが、地方のイベンターが歌手を呼んで地方で興行を打っていたわけです。うちの店は県内でも大手に成長していたから信用がありました。

不機嫌だった吉田拓郎が上機嫌になったわけ

僕は吉田拓郎に声を掛けることにしました。72年ごろだったと思いますが、「旅の宿」（72年7月発売）がヒットしてようやく人気が出て来たところでした。拓郎の所属レコード会社に連絡を取り、営業担当者とマネージャーを紹介してもらいました。地方のレコード店がよく相手にしてもらえたな、と思われるかもしれませんが、当時、地方にはコンサートのチケットを売るプレイガイドなどありませんでした。代わりに地元のレコード店がチケットを販売していたわけです。レコード会社からしてみたら、地元のレコード店がチケットを売り、コンサートの宣伝もしてくれる、もちろんレコードも売ってくれるので、有力なレコード店はレコード会社から一目置かれていたわけです。昔のレコード会社の人は、歌手を連れて全国のレコード店回りをやっていたんですよ。今では考えられないでしょ。そんな時代だったのです。

吉田拓郎の公演は1日1回公演で、会場は茨城県立県民文化センターでした。レコード店でコンサートの告知をし、うちのタウン誌でも紹介したから、チケットはあっという間に完売しました。収容キャパは1700人でした。当日、僕の車は「いすゞベレット」だったと思いますが、妻と水戸駅まで拓郎を迎えに行きました。駅には彼とマネージャー、バンドマン数名がいました。だけど駅にファンが誰もいなくて、拓郎はブスッとした表情でした。「タクシーどこ?」と聞かれたけれど、マイカーなのでよけいに機嫌が悪かったのかもしれません。それに、拓郎はぶくぶく太っていて。妻が小声で「これが拓郎?」なんて言っていたくらいです。僕は、拓郎の機嫌が悪いので、これはヤバいと思い、会場に電話しました。会場周辺にいる女子高生に声を掛けて「拓郎がコンサートで来ているから。来てくれないか」と頼んでもらったのです。妻は吉田拓郎の大ファンで、エレックレコード時代からのL

Pを全部持っていて、僕が車を停めて会場に電話している間にそういった話をしてだいぶ打ち解けたようでした。

会場に着くと、30人くらいが集まって、キャーキャー言っていました。拓郎は「田舎町はこれだから困るよな」と言ってましたが、まんざらでもなく嬉しそうな顔をしていました。ファンが楽屋出口に集まっているので、コンサートが終わると、秘密の裏口から送り出しました。

「海援隊」「河島英五」と「加藤和彦」、解散寸前の「キャロル」

当時、チケット売り上げの10パーセントがイベンターの手数料の相場でしたが、僕は1公演あたりいくらという「買い取り」にしてもらっていました。かかる費用は、会場費に照明など舞台関連の設備、会場整理のアルバイトなど、それに歌手本人やバンドの出演料となります。当時のコンサートは、今の時代ほど演出に金をかけませんから、それほどの費用はかかりませんでした。出演料も、レコードセールスの宣伝活動だからそれほど高くなかったのです。チケット代は1枚3000円。当時、コンサートチケットは3000円を超えると入場税がかかるので、3000円がチケット代の壁となり、上限でした。それでも収容人数1700人分のチケットが完売すると、売り上げはざっと510万円。それにレコード会社からも協賛金がありましたので、手許に100万円が残ります。

前述しましたが、大卒初任給が4万円の時代ですからけっこうな儲けになります。今のコンサートは演出の仕掛けが大掛かりになっているから、なかなか儲かりません。そうした傾向になったのは、ユーミンのコンサートあたりからですかね。

吉田拓郎に続いて、それからはもっぱらフォーク歌手を呼びました。「井上陽水」「りりィ」「山本コウタロー」「かぐや姫」のコンサートを主催し、下請けで「松山千春」「チューリップ」「オフコース」なども手掛けました。

大きな声では言えませんが、勝手にコンサートをやると地元のヤクザが「素人さんにはできないよ」と因縁をつけてくるのです。ところが、うちの妻の知り合いの茨城放送の事業部長がその筋の関係者に話を通すと無事にコンサートができるのです。そういう事情もあって、うちにコンサートを頼みに来るレコード会社もありました。だから僕は「茨城のイベンター」として重宝され、次々にコンサートを手掛けることになったわけです。

俳優の中村雅俊もやりましたよ。「ふれあい」がヒットしたころです。市民会館で昼夜2

公演。ですが、お客さんがあまり入っていなくて、「この次はがんばりますから、今日はごめんなさい」と謝っていました。いいやつでしたね。

これはあとになってからの井上陽水関連の思い出話ですが、僕が東京でチケットを担保にした融資会社「ACCS」の社長をやっていた時代、会社ではキティレコードの委託を受けて「安全地帯」のファンクラブを運営していました。それである時、神宮球場で井上陽水と玉置浩二のジョイント・コンサートがありました。ちょうどふたりのデュエット曲「夏の終わりのハーモニー」がヒットしたあとだったと思います。それで招待券をもらったので、妻と一緒に聴きに行きました。そうしたら僕らと同じ関係者席に、大きな帽子をかぶって顔を隠した女性がいます。誰かと思ったら、当時、玉置とつきあっていた俳優の石原真理子でした。妻は「あれじゃ、かえって目立っちゃうよね」と笑っていました。

「海援隊」はレコード会社が売り込んできたのでコンサートをやりました。当時、「海援隊」の「母に捧げるバラード」がまだそれほど売れてなくて、とはいえ「おもしろそう」だったからやりたいと思いました。それで所属するエレックレコードに「いくら?」と聞いたら「5万円」という安さでした。メンバー三人分のギャラと宿泊交通費等が込み。武田鉄矢とは楽屋で話をしましたが、「この先、売れるだろうか」と、将来のことをやたらに不安がっていましたね。あまりにギャラが安かったので、彼らの事務所には内緒で、僕はさらに5万円を寸志として渡しました。「え！　いいんですか？」と喜んでいたのが印象的でした。

海援隊に続き、河島英五を呼びました。初めて「酒と泪と男と女」を聴いたとき、「これは売れる！」と思ったのです。それでギャラを聞いたら5万円と安かった。彼はギターとハーモニカで、他にベースとドラムの二人とも込みの出演料です。宿泊費と交通費はうちが持ちます。それですぐに契約しました。

会場はいつもの茨城県立県民文化センターで1700人収容。大ヒットになる前に契約できたから安かったんですよ。チケットは即完売でした。当日、驚いたことに、河島はまだヒット曲が「酒と泪〜」しかなかったのに、一番最初に歌っちゃいました。それで彼がお客さんに向かって「皆さん、このあとコンサートがどうなるか不安ですよね」なんて言っているんです。一応、アルバムを出しているので、彼は10曲ほど観客のみんながよく知らない歌を歌いました。そして最後にまた「酒と泪〜」を歌ったので、これは大うけでした。

河島とは、夜、水戸の繁華街の大工町で食事をして、そのあとバーに行きました。店にカラオケがあったので、「歌いますか？」と聞いたら「勘弁してよ」と答えました。彼は寡黙で静かに酒を飲んでいましたが、すごくいいやつで、「これを機会にお友だちになりましょう」と言われました。その後、ギャラがドーンと高くなってしまったので、実際にはおつき合いは無理でしたけどね。彼とは二人でボトルを1本空けました。「なんでレコード店始めたんですか？」とか「音楽やっていたんですか？」と聞かれて、僕は「やってません」と答えたのを覚えています。イメージ通りの人でしたね。僕は当たると思ってましたよ。曲を作る人、コンサートを仲介する僕、それと集まるお客さん、みんな同世代ですから外しっこありません。なおかつ団塊の世代ですから人口が多かった。今から考えるとプロモーターにとって楽な時代でした。

海援隊を呼んだことが縁で、矢沢永吉、ジョニー大倉らのグループ「キャロル」も水戸に呼びました。交渉に行った海援隊のレコード会社の事務所の向かいがキャロルの事務所だったのです。それで妻に「キャロルって売れてるの？」と聞いたら「バカ！　売れるにきまってるでしょ。すぐ契約しなさい」と怒られて。さっそく紹介してもらってキャロルと水戸でのコンサートを契約しました。このときが彼らの最盛期だったんですね。そのころ、なんか矢沢永吉とジョニー大倉が揉めているような感じでしたが、チケットは即日完売。ほどなくしてキャロルは解散しました（75年）。

レコード会社に頼まれて呼んだ加藤和彦には、あまりよい思い出はなかったです。当時、彼は「加藤和彦とサディスティック・ミカ・バンド」でした。すでに売れていましたが、マニアックというかコアなファン層に支持されていて、水戸ではまったくレコードが売れていませんでした。当日、彼と妻のミカさんは黄色いロールスロイスに乗ってやって来たので驚きました。他のバンドは電車です。ギャラに見合わない仕事でした。海援隊や河島英五のときは舞台にそれほどお金がかからなかったけれど、加藤さんはもの凄く凝っていて、照明や音響関係でいろいろ要求されました。それでかなり経費がかさみました。挙げ句の果てに、彼が乗ってきた黄色いロールスロイスを「買いませんか？」と言われました。

その後も彼とは因縁がありました。かなり後のこと、90年代に入って、加藤さんはミカさんと離婚し、僕の会社に所属していたソプラノ歌手の中丸三千繪《なかまるみちえ》と結婚、さらには離婚するのです。その話はいずれします。

思い返せば、水戸時代には、レコード店を経営しながらいろんなアーティストを呼びました。とはいえ、CDが世に出始めて、僕は、いずれレコード店は潰れると思っていました。そのうち貸しレコード屋なんかも流行るようになっていましたからね。レコードを買う人も減ってきたので、僕はやる気を失くしました。それで33歳のときに店を畳んで、上京したのです。

第3章

僕の音楽遍歴

実家は炭焼きから身を起こした成金だった

　ここで僕の生い立ちについてもう少しくわしくお話ししたいと思います。僕は栃木県との県境にある茨城県の小さな城下町で生まれ育ちました。生年月日は1948年（昭和23年）1月1日。日の出前の午前5時に生まれたそうですが、祖母は元旦早々、「人騒がせな」と怒ったらしいです。

　実家は祖父が魚の行商と炭焼きから財を成した成金で、使用人が20〜30人いるような家でした。戦前はフォードとキャデラックの外車に乗っていたくらいの金持ちだったそうですが、終戦後、農地改革でかなりの財産を失いました。それでもテレビが世に出たときには、その町にテレビは2台しかなくて、1台がうちにありました。ですから力道山のテレビ中継の時には、大勢の人がうちに観に来ていたそうです。僕が生まれた時、父は中学校の教員をしていました。

　そんな家柄でお金があったわけですが、そもそも母親が洋楽かぶれだったのです。電気蓄音機というのがうちにはあって、最初はクラシック音楽を聴いていて、戦中、敵国ではないドイツ人のヴィルヘルム・フルトヴェングラー指揮のベルリン・フィルハーモニー管弦楽団演奏のSP盤を集めて聴いていたそうです。戦後、僕が小学校の時、ユージン・オーマンディ指揮フィラデルフィア管弦楽団のジョルジュ・ビゼー作曲「アルルの女」のLP盤があるのを見てびっくりしました。肌も露わな、おっぱいが見えそうな若い女性のジャケットでしたからね。他にはヘルベルト・フォン・カラヤン指揮のベルリン・フィル、レナード・バーンスタイン指揮のニューヨーク・フィルハーモニックのレコードなんかもありました。

1950年代の終わりごろ、ドーナツ盤のレコードが出るようになりました。母は、ナット・キング・コール、ニール・セダカ、ポール・アンカを聴き出しました。クラシックからポップス好きになったのです。僕は、クラシックは母が感想文を書けとうるさかったから好きになれなかったけれど、ポップスは好きになりました。

ニール・セダカの「オー！キャロル」は大好きでした。僕がその次に好きになったのはエルビス・プレスリーでした。それまでのポップスとはまったく違って、今度はロックン・ロールにハマるようになりました。中学生のときにプレスリー主演の映画『ブルー・ハワイ』を観ましたが、ショックを受けましたね。ハワイをプレスリーが訪れて、彼女が空港に出迎えに行くのですが、プレスリーがスチュワーデスと濃厚なキスをしているところを目撃し、怒って帰っちゃいます。ホント、驚きました。

それから『グレン・ミラー物語』とか『ウエスト・サイド・ストーリー』『ベニー・グッドマン物語』などの映画音楽を聴くようになりました。僕は、ビートルズはあまり好きではなくて、サイモン&ガーファンクルのファンでした。よくビートルズ派かローリング・ストーンズ派かと言うけれど、当時はビートルズ派かサイモン&ガーファンクル派か、と言われていたものでした。

これは先にも述べましたが、僕は水戸一高から成蹊大学政治経済学部に進みました。ゼミは安藤ゼミです。安藤英治《あんどうひではる》先生はマックス・ウェーバーが専門の社会学者ですが、東大の大《おお》塚久雄《つかひさお》教授と双璧をなす著名な学者でした。成蹊と言えばお坊ちゃん学校で、ゼミ生16人のうち僕も含め三人が製材業を営む家の子弟でした。ところがそのころ、河野一郎がソ連から材木輸入を再開していて、国内の製材業者は倒産の憂き目にあったところがけっこう出ました。うちは潰れなかったのですが、他の二人の実家は倒産してしまいました。

東京での学生時代には、岡林信康、なぎら健壱といったフォークソングを聴いていましたが、ピンとはこなかった。そのうち吉田拓郎が出てきて、「結婚しようよ」とか「旅の宿」とか。拓郎は日本のニューミュージックの走りですね。それは好きになりました。後に、水戸でレコード店を始めたのは、僕が音楽好きだったこともありますが、妻の影響のほうが大きかったのです。彼女はJポップにくわしかった。他に、かぐや姫とかイルカとか。それで吉田拓郎を水戸に呼んでコンサートをやるようになったのです。

「呼び屋」として第一歩を踏み出す

僕が水戸でレコード店をやっていたことは前にも話しました。ところがＣＤも登場してレコード店は斜陽になります。当時、池袋のサンシャイン60の59階にあるレストランで食事した時のことです。窓の外には東京タワーや霞が関ビル、世界貿易センタービルが見えましたが、そういうまばゆい景色とは裏腹に、ものすごく焦燥感がありました。レコード業界は斜陽でしたし、このまま水戸にいていいのかと思いました。それで34歳のとき、税理士になろうと思って上京したわけです。

そして神田にあるＴＡＣという資格取得の専門学校に週1回通いました。あわせて生活費を稼ぐために初めてサラリーマンをやりました。ダイア建設というマンション販売の会社に入社して、監査室に配属されました。その会社は上場目前だったので、全国の支社の経理のチェックとか、監査室は忙しかったんです。実は、当時パルコにも就職願いの書類を出したのですが、落とされました。それがおよそ10年後に部長待遇で呼ばれるのですから不思議なものです。

ダイア建設の仕事は面白くなかったですね。板橋区常盤台のマンションに部屋を借りて住んでいましたが、給与は手取り16万円で家賃が8万円。安月給でした。それで会社から宅地建物取引士の資格を取れといわれました。宅建を取ったら2万円、給与を上げてくれるというのです。仕事前の朝7時から9時までの2時間、2週間の詰め込み授業を受けて、それで僕は一発で試験に合格しました。

ここからが運命の分かれ道でした。ダイア建設で働いているときに、会社に出入りしていた盛田正敏さんという社長に出会ったのです。この人は地上げ屋にファイナンスする金融会社をやっていたのですが、芸能にも興味があって「サム・エンタープライス」という会社を作り、別会社で「日本キャパシティー」という公演チケットを担保に金を貸す会社を立ち上げました。チケットが担保だから、売れなかったら大損するわけです。どの公演に金を貸すか、これは目利きがやらないとダメなんです。

それで僕に白羽の矢が立ちました。僕はダイア建設を1年で辞め、この会社にお世話になることにしました。第1章で紹介しましたが、僕は最初の仕事で音楽舎の秦政明社長とニューヨークのロックフェスティバルを観に行きました。そこで、ボン・ジョヴィやマドンナを見出し、ポール・オニールと知り合いました。これが僕の国際的な「呼び屋」としての第一歩になったわけです。

レコード店をやっていましたし、国内アーティストの「呼び屋」もしていたので、音楽はよく聴いていました。仕事ですから当然ですね。80年代に入ると、MTV（ミュージック・テレビジョン。アメリカのロック系音楽専門の有線テレビ局）が始まります。これまではレコードジャケットでしかその外国人アーティストのことがわからなかったですが、MTVの映像だと演奏中の姿もよくわかります。ただし、やはり音楽は趣味で聴くものです。ビジネスになったら、「売れるか、売れないか」を基準として観たり聴いたりするようになりますから、「楽しいとか楽しくない」ではなくなるんですよ。売れなかったら大損ですからね。それでも、ブルース・スプリングスティーンとかホール&オーツ、ジョージ・マイケルなんかは好きでした。

もちろん、自分で呼ぼうと思いましたよ。だけど競争ですから、大手招聘会社の「ウドー音楽事務所」などに全部負けました。当時、洋楽のアーティストの7割は「ウドー」が手掛けていました。僕は、例のポール・オニールの線で交渉していたわけですが、84年「ボン・ジョヴィ」、85年「スティング」とロックグループの「フォリナー」、87年「マドンナ」と呼ぶわけです。とはいえ、大手に対抗してやっていくことは大変なことだったのです。

「呼び屋」の歴史　「キョードー東京」と「ウドー音楽事務所」の二強時代

この辺で日本の「呼び屋」の歴史を振り返っておきましょう。草創期で有名だったのが、作家有吉佐和子さんの元夫でもあった神彰《じんあきら》氏でした。彼は基本的にソ連との仕事をメインにしていました。ボリショイ・バレエ団やボリショイ・サーカス、レニングラード交響楽団なんかを日本に呼んだのが神氏でした。ソ連は、国策として自国の宣伝のために芸能人を外国に送り出します。だから航空運賃やギャラはソ連という国が持つのです。公演のたび、KGB（ソ連国家保安委員会）が同行して亡命しないように目を光らせていたそうです。

それに続いたのが、永島達司《ながしまたつじ》氏でした。彼こそ、日本にビートルズを呼んで一躍名を揚げた人物です。父親が三菱銀行のバンカーだった関係で、ロンドン、ニューヨークで育ちます。英語がペラペラで、進駐軍のキャンプに出入りして、芸能担当になるわけです。そして

50年代初頭に芸能プロダクションを創設し、外国人アーティストを日本に呼ぶようになりました。当時、東京・赤坂に「ラテンクォーター」という進駐軍向けの大型キャバレーがありました。そこに、永島氏がフランク・シナトラ、ビング・クロスビー、ポール・アンカといった大物を呼ぶわけです。50年代から60年代を代表する歌手ばかりですね。

余談ですが僕が大好きなニール・セダカの大ヒット曲に「オー!キャロル」というのがありますが、曲の由来を知っていますか? ニール・セダカの高校時代の同級生にキャロル・キングがいて、のちに彼女も有名なヴォーカルになるわけですが、彼は彼女に首ったけだったので作った曲なんですよ。

この永島氏の部下だったのが、内野二朗、嵐田三郎、有働誠次郎《うどうせいじろう》という人たちでした。もともとは三人とも進駐軍の基地でアルバイトをしていた仲間ですが、彼らの活躍で永島氏の会社は成長していくわけです。ところが、この嵐田氏と有働氏がしょっちゅう喧嘩します。それを見かねた永島氏が、ふたりを二つの会社に分けるんですね。内野氏と嵐田氏の会社が「キョードー東京」で、有働氏の会社が「ウドー音楽事務所」。永島氏がそれぞれの会社の会長を兼ねて君臨していました。

70年代以降となると、この二社が「呼び屋」の二大巨頭となっていくわけです。キョードーは、ラブサウンズといわれたポール・モーリアとかレイモン・ルフェーブルを手掛けていました。ウドーはロック系のミュージシャンを得意とした。同社が招聘したなかではエリック・クラプトンが代表的です。それに続く大手で「ユニバーサル」という会社がありました。同社は、ホール＆オーツやアダモなどポップス系のロックをやっていました。

それ以外にも、インディペンデントな会社がいくつかありました。「H．I．P．」（ハヤシ インターナショナル プロモーションズの略）、この会社は米国で一、二を争うエージェントの「CAA」と関係が深かったのです。まだそれほど有名ではなかった「クイーン」を呼んだのは「JEC」という会社でしたが、同社は渡辺プロダクション（ナベプロ）の下請けをやっていました。

この会社は「プリンス」も呼びましたが、彼の初来日のときに、とんでもない騒動が起こったんですよ。連絡に行き違いがあったのか、時差を間違えて伝えたのか、前日到着のはずがコンサート当日になって彼は来日したのです。あるテレビ局の名義で主催していましたから、テレビ局の責任者は真っ青になって進退伺いを出しました。その当日、夕方になってプリンスが成田空港に着きました。そのまま成田から東京ドームに直行し、開演時間に間に合って事なきを得たということがあったんです。

先述しましたが、僕はチケットを担保に融資する会社にいました。そこでJECとつながりができ、ナベプロの経営者だった渡辺美佐さんと親しくなるわけです。それが縁で美佐さんとロンドンにクイーンのコンサートを聴きに行きました。80年代ポップスといえばマイケル・ジャクソンは外せませんが、彼を「呼び屋」として手掛けたのは日本テレビで、まだ新入社員だった若者が、会社に提案し、半信半疑でやってみたら予想以上の大当たりになったのです。

振り返ってみれば、この当時の音楽プロモート会社で今も残っているのはキョードー東京とウドー音楽事務所、H.I.P.くらいです。H.I.P.は外タレではそれほど儲けなかったのですが、のちに「MISIA《ミーシャ》」の東京でのコンサートを手掛けるようになって大儲けしましたね。

それ以外では、僕が米国のロックフェスティバルでつきあった「音楽舎」、ここはハード・ロック、特にヘビー・メタルを好んで招聘していました。とはいえ、ロック系ではウドーの独壇場でした。だからウドーは、僕がお金を融資してロックのコンサートを手掛けているのが面白くない。あるとき、キャピトル東急ホテルのトイレで有働氏とばったり出くわしたことがあって、「お前か、ちょろちょろしてるのは！」と叱られたことがありました。

ウドーが83年、「レッツダンス」が大ヒットしたデビッド・ボウイを呼んで、日本武道館などで10回開催した公演が発売即完売だったことをよく覚えています。この公演では、僕の会社がチケットを担保に預かって、日本円で３０００万円売り上げました。僕がある人の紹介で正式に有働氏と知り合ったのはこの83年ごろの話だったと記憶しています。

「ヒューイ・ルイス」「ブルース・スプリングスティーン」「デュラン・デュラン」「スティービー・ワンダー」「レイ・チャールズ」の思い出

80年代は洋楽のロック・ポップスの黄金期でした。映画『バック・トゥー・ザ・フューチャー』の主題歌になって大ヒットした名曲「ザ・パワー・オブ・ラブ」で一躍日本でも大人気となった「ヒューイ・ルイス&ザ・ニュース」はぜひ招聘したいと思いました。最後までウドーとのオファー合戦になりましたが、負けました。ギャランティは同額だったのですが、日本滞在でのアフターケアの条件でウドーが選ばれました。

「エリック・クラプトン」にもオファーを出しましたが、「アイアム・ウドーズ・アーティスト」と言われて断られました。

「ブルース・スプリングスティーン」は僕の大好きなロックシンガーでした。彼には、僕の会社がファイナンスしていた音楽舎を通じてオファーを出しました。代理人は例のポール・オニールです。これもウドーとのマッチレースになりました。ギャラでは双方、同額でした。4日間、国立代々木競技場で公演をやるので、前もって会場を押さえておかなければなりません。仮押さえするためには手付金を払う必要があるわけですが、万一、公演が中止になってしまっても手付金は返ってきません。音楽舎は、「そこまでは面倒見切れない」といって招聘を諦めました。うちが降りた途端にウドーが仮押さえし、結局、ウドーにもっていかれてしまいました。僕には4日間とも公演の招待状が来ましたので全部聴きに行きました。

その後、ポール・オニールから「サンディエゴでコンサートをやるから来い！」と言われ、僕は行きました。ソウル系のポップスグループの「シャーデー」（1stアルバムの「ダイヤモンド・ライフ」が米英で大ヒット、85年グラミー賞の最優秀新人賞受賞）では、H.I.P.と争って負けました。ただ、札幌での公演でトラブルになったそうです。女性のボーカルには日本人の恋人がいて、公演当日、別れてしまいました。それで3曲ほど歌ったところで泣き出して、歌えなくなってしまったそうです。後日、林博通《はやしひろみち》社長から「大変だったんだよ、宮崎君」と顚末を聞かされたのでした。

このころ全盛期だったロックのアイドルグループの「デュラン・デュラン」もH．I．P．が手掛けていました。うちでは手を出せなかったのですが、2000年に入って、落ち目になってからうちに話が来ました。往年のヒット曲を連発していましたが、イケメンだったメンバーはみんなおじさんになっていました。彼らは今も現役で演奏活動をしていますが、そういうある種痛々しい姿を見ると、アーティストも大変だと思いますね。

「スティービー・ワンダー」と「レイ・チャールズ」も絶大な人気でした。ふたりは盲目のアーティストという共通点がありますが、僕には思い出があります。ＪＥＣがスティービーを手掛けて呼んだときのこと、ＪＥＣの人から一緒に楽屋に来て挨拶してくださいと言われました。それで挨拶に行きましたが、外にグルーピーの女性が何人も待っています。見ていると、スティービーはその中から数人の女の子を選びました。それが全部、美人だったので驚いたのです。あとで、「彼は目が見えてるんじゃないの？」と聞いたら、「弱視なんですよ」という答えでした。

94年だったと思いますが、姫路城の外の広場で「姫路城 SAVE THE WORLD HERITAGE CONCERT」という国内外のアーティストを呼んだ音楽祭が開かれました。僕は主催者から「手伝ってくれませんか」と頼まれたので快諾しました。トリはレイ・チャールズでした。ただし、彼は「姫路には泊まりたくない、大阪に戻りたい」と言うわけです。ギリギリ、最終の新幹線に間に合うかどうかというところでした。ところが、フェスの途中、あるアーティストが延々とライブを続けて、このままでは間に合わなくなってしまいます。マネージャーに姫路に泊まってくださいとお願いしたのですが、アンコールをやらないであと5分で会場を出たら最終に間に合うということがわかりました。普段レイ・チャールズはマネージャーの肩を借りて不自由に歩きます。ところが、このときばかりは2階の楽屋から階段をひとりで脱兎のごとく駆けおりてきました。僕は唖然として見ていました。

「浜田省吾」と「来生たかお」との縁

僕はチケット担保の融資をしながら、「LOO」という雑誌を創刊しました。試しに作った創刊前のゼロ号では、表紙を浜田省吾が飾り、彼のインタビュー記事を掲載しました。もう1冊、ゼロゼロ号を作り、その表紙は来生《きすぎ》たかおでした。

彼に関しては思い出があって、僕がまだ水戸でレコード店をやっていたころ、デビュー間もない来生たかおのコンサートを手掛けたことがあります。まだ売れていないから、100席ほどの小さなライブハウスでしたが、彼は緊張であがってしまってうまく歌えないとライブで語っていました。歌詞を「間違えました」と言って歌い直したりしていたものです。創刊ゼロゼロ号のころにはすでに売れっ子になっていたわけですが、インタビューの際に「どこかでお会いしませんでしたか?」と聞かれて、「いいえ、初めてです」と答えました。何故かというと、水戸時代、僕は彼をお迎えするのに遅刻してしまって、水戸駅で30分待たせてしまったことがあったからです。その時の話を蒸し返されたくなかったので以前に会ったことを黙っていました。

この当時、彼は「夢の途中」で大ヒットを飛ばしていた。この曲には裏話があって、角川映画の主題歌になったわけですが、角川はその歌を薬師丸ひろ子に歌わせたかったのです。それで作詞を担当した来生えつこが「なんで、来生たかおに歌わせないの」と怒って、角川と揉めるわけです。それで間にレコード会社の多賀英典社長が入り、その妥協案として、薬師丸の歌は「セーラー服と機関銃」というタイトルになり、来生たかおの歌は「夢の途中」となったんです。角川はもの凄い宣伝を展開したので、オリコンでは1位が「セーラー服

～」、2位が「夢の途中」とそれぞれの最高順位となりました。だけどこの歌は、気が付いた方もいらっしゃるかと思いますが、メロディーは一緒なんですが、歌詞の一部が違えてあるんですよ。

第4章　「クイーン」を呼ぶ

フレディ・マーキュリーとの約束

クイーンは１９７３年のデビューで、初来日は75年4月。日本武道館でコンサートが行われた。以来、ヴォーカルのフレディ・マーキュリー存命中に合計6回来日（76、79、81、82、85年）。最後の来日が85年5月となり、その2ヵ月後、英国で伝説のライブとなるライブ・エイドに出演した。

クイーンが6回目に来日したときのことでした。そのときの招聘元は「ＪＥＣ」という会社でした。僕の会社はＪＥＣにファイナンスしてチケットを売っていたので、武道館で行われた公演では、僕は南側スタンドの最前列にスポンサーと座っていました。そこへナベプロの社員から「渡辺美佐副社長がお呼びです」と言われ、楽屋を訪ねることになりました。すると、フレディ・マーキュリーが会社側と揉めていて、コンサートをやらないと騒いでいたのです。それで渡辺美佐さんが仲介に入っていた。彼女は、フレディに僕を「次回は彼が呼び屋をやるから今日は我慢して」と紹介して、なだめていました。フレディは、「わかった」と言って、今回の公演をやる条件を出しました。ひとつは、次回に来日するときには僕が招聘元となること、もうひとつは、来年、ロンドン郊外のウエンブリーでコンサートをやるので、観に来てくれ、ということでした。それで話がついて、コンサートは45分ほど遅れて始まりました。

僕は美佐さんと一緒に関係者席で観ました。フレディはステージから僕らを見て、しきりに手を振っていました。あとから振り返ると、僕は当時30代の半ばでしたが、フレディの好みのタイプだったらしいのです。翌年、美佐さんからロンドン行きのチケットを渡されました。「何?」と聞くと「フレディと約束したでしょ」というわけです。それでウエンブリーに行きました。これはライブ・エイドが開催された翌年、86年7月のことでした。

パトカーの先導でフレディの私邸に招かれる

コンサートが終わって、美佐さんから「宮崎君、今夜、暇でしょ?」と聞かれました。「フレディの家でホーム・パーティがあるから一緒に来て」と言われ、美佐さんの車に乗せられました。すると、白バイとパトカーの先導がついて、続いて黒いリムジンが2台。最初の車にドラムとベースの二人、次のリムジンにフレディとブライアン・メイが乗り、その後ろに僕らの車、そしてその後にさらにパトカーと白バイが付きました。驚いたことに、ウエンブリーからフレディの自宅のあるケンジントンまで、信号が全部、青。「なんでですか？」と美佐さんに聞いたら、「クイーンだからよ」という答えです。アッと言う間に到着しました。

ホーム・パーティには、フレディの友人や関係者30～40人が呼ばれていました。日本人は美佐さんと僕だけでした。そこに「ワム」のジョージ・マイケルが来ていたのです。僕は彼の大ファンだったから、片言の英語で「君のコンサートを日本でやりたい」とか言って話していました。その様子をフレディはじっと見ていたのです。

そのあと、フレディとブライアン・メイによるリクエストタイムという余興があって、フレディが突然僕のところに来て、「ザック、リクエストしてくれるか」と聞くんですよ。僕は「ザック」という愛称で呼ばれていました。本当のことをいえば、僕はクイーンのことをそれほど好きではなかったし、水戸でレコード店をやっていたとき、やたらに売れるグループだなとは思っていましたが、それほど彼らの曲にくわしくなかったんですよ。

それでとっさに、フレディが尊敬しているエルビス・プレスリーの「好きにならずにいられない」をリクエストしたのです。少し高くなったステージで、フレディはじっと僕の顔を見て、思い入れたっぷりに歌ってくれました。

その後、イギリス人二人のリクエストがあって、それが終わるとフレディから「ホーム・ツアーをしたい」と誘われました。家の中を案内したいというわけです。その様子を見ていた美佐さんが、ダーっと駆け寄ってきた。「ダメよ、ひとりで行っちゃ」そう言って付いてきたのです。まったく意味がわかりませんでした。それで三人で家の中を見て回ったのですが、バスルームの中は三方が鏡張りになっていて、正直悪趣味でした。このときの髭面《ひげづら》のフレディの、ニヤッとした顔は忘れられません。

それでクイーンを僕が日本に呼べたかって？　それは実現しませんでした。なぜなら、91年11月に、フレディはエイズが原因で亡くなってしまったからです。僕らが観たウエンブリーのコンサートが最後のツアーになったんですね。それから体調を崩すようになって歌えなくなったのです。後年、渡辺美佐さんから言われたものです。

「あのとき、あの部屋にふたりで行っていたら、宮崎君もこの世にいなかったわよ」

第5章

「呼び屋」として独立――「クワイエット・ライオット」「ボブ・ジェームス」「オスカー・ピーターソン」を呼ぶ

クワイエット・ライオットは1973年にギタリストのランディ・ローズによって結成されたバンド。1980年代に最盛期を迎えたLAメタルの草分け的存在で、全米チャート1位などヒット曲が多数。ボブ・ジェームスは、米国人のジャズ・ピアニスト、作曲家、音楽プロデューサーで、ジャズ・フュージョンの第一人者。グラミー賞の受賞歴がある。

オスカー・ピーターソンは、カナダ・モントリオール出身のジャズ・ピアニスト。超絶技巧の繊細なテクニックを駆使し、「鍵盤の皇帝」と異名をとって一世を風靡した。

85年ロックフェスの大失敗

84年に西武球場にボン・ジョヴィを呼んで開催した「スーパーロック'84イン・ジャパン」は大成功で、翌年も「スーパーロック'85イン・ジャパン」をやることになりました。招聘元は音楽舎で企画がポール・オニール。僕の会社「ACCS」はファイナンス担当だったわけです。ところが、この「スーパーロック'85」の会場は東京港区のお台場と決まった。いまでこそお台場は栄えていますが、当時は単なる埋立地のままで、まだフジテレビは移転してきていなかったし、「ゆりかもめ」も開通してなくて、まったく交通の不便な場所でした。そこへ同じ時期に、別の招聘会社が、スポンサーをつけて横浜スタジアムでロックフェスをぶつけてきたのです。うちは「スティング」と「フォリナー」を呼んでいて、相手は「カルチャー・クラブ」を呼んできました。うちの出演者も相当な人気アーティストだったけど、何しろ足の便が悪いからチケットが全然、売れなかったんですね。むこうは大盛況でした。

結局、音楽舎がやった興行は大失敗で、うちが貸したお金が戻ってこなくなりました。それどころか演奏家へのギャラも支払っていなかったからひどいものです。ポール・オニールは大変な立場に追い込まれ、僕に懇願してきました。うちの親会社「ＤＭＳ」の社長は激怒して、うちがギャラを払ってやって、社長は音楽舎とは縁を切れと僕に命じました。

それ以来、僕は直接、米国のやり手マネージャーであるポール・オニールと組んで、「呼び屋」として一本立ちすることになったのです。日本のアーティストの場合だと、売れないころからつき合っていないと、人気が出たときにポンと声をかけてもつき合ってくれませんが、外国のアーティストは金さえ積めば来てくれるから、その辺りはドライでビジネスライクに交渉を進めることができます。それはそれでよかったのです。

新国技館のこけら落としでハード・ロックのコンサート

倒産した音楽舎から三人のスタッフが僕の会社に移籍してきてチームができました。僕がこの会社で呼び屋として手掛けた最初の仕事は、ポール・オニールの紹介で、ハード・ロックの「クワイエット・ライオット」を呼ぶことでした。これは米国人の4人グループで、けっこう売れていました。会場は両国に新しくできた国技館で、新国技館としては最初のコンサートとなります。その後、名古屋、大阪、福岡など4ヵ所でやりました。彼らは売れていたといっても、いきなり武道館とか後楽園というほどではありませんでした。日本ではLPが2万から3万枚ほどしか売れていなかったのです。日本でそれくらいということは米国ではその10倍の20万～30万枚は売れてはいるのですが。日本で10万枚売れているようなアーティストだったら、日本武道館でコンサートをやってもペイできます。経験則でだいたいわかっているんですよ。

クワイエット・ライオットは、前に話したマドンナやボン・ジョヴィが前座をつとめたニュージャージー州のロックフェスティバルでは、トリというほどではありませんが、まあまあの中堅どころとして出演していました。とはいえ1回公演だった両国国技館での興行は失敗でした。キャパは5000席あったものの、チケットは3500枚しか売れませんでした。開催はスンナリ決まったものの、記憶しているのは、公演当日、日本相撲協会の春日野清隆理事長が会場をのぞきに来たことです。彼らのハード・ロックを聴いて、「これが音楽か！」と、しかめっ面で絶句していました。でも、国技館とはこれで縁ができて、後に、韓国人グループの「ＪＹＪ」を日本に呼んだ時に、さいたまスーパーアリーナに断られて困ったことがあったのですが、国技館は貸してくれたので助けられたことがあったのです。この話はいずれします。

意外にギャラが安かったボブ・ジェームス

次に呼んだのが「ボブ・ジェームス」でした。フュージョンというジャンルのアーティストで、けっこう売れていました。今の人はわからないかもしれませんが、フュージョンとはジャズとロックを合わせたような音楽です。「マプト」という曲がヒットしていて、フュージョンの部門では全米で1位、2位の売り上げ枚数になっていました。5〜6人のグループで演奏するのですが、ボブ・ジェームスのピアノとサックスのデービッド・サンボーンの組み合わせが最高！でした。

彼らは直接交渉して呼びました。ポール・オニールからすると、「え！　ジャズ？　なんで？」という感じだったので、ニューヨークの友人に調べてもらって、直接、ボブ・ジェームスのマネージャーに会いに行きました。これが縁でジャズとのつながりができて、「ロン・カーター」も呼ぶことができたのです。

ボブ・ジェームスのギャラは、なぜかはわからないけど安かったです。5〜6人のグループで1公演あたり7000ドル。当時日本円は1ドル240円くらいでしたから、170万円弱。彼らの来日は86年のことでした。このときは「中野サンプラザ」、五反田の「ゆうぽうと」など全国7ヵ所で公演をしました。ジャズだから安かったのかなと思いますが、経費もそれほどかからないんですよ。会場費にPA（マイクと音の調整）と照明代を入れても、いち会場あたりでざっと60万〜70万円くらいしかかかりません。オーケストラとか他のロックシンガーと違って、ジャズはそれほど大掛かりな演奏にはならないですからね。チケット代は7000〜8000円だったと思いますが、会場あたり1700〜1800人ほどのキャパですから、かなり儲かりました。

ボブ・ジェームスは、公演をやるごとに、最後に「ミスター宮崎のおかげで日本に来れました」と挨拶してくれました。いいやつだったけど、最後に喧嘩になってしまいました。なぜかというと、ボブは移動の機内でＣＡと仲良くなり、彼女のためにコンサートチケットを用意してくれと言うのです。そこまではいいのですが、コンサート後の打ち上げ会にも呼んだりする。コンサートチケットはご招待で、我々もちでかまいませんが、打ち上げ会でひとり分、お金がかかるのは困ります。そうボブに伝えたら、「おれの女なのに入れないのか」と怒っていました。これには僕の事情があり、当時、友人と一緒に会社をつくったばかりで、その共同経営者が細かく経費をチェックする人だったんです。

他の呼び屋は、日本で彼らが遊んだりする経費を全部もったり、吉原のソープランドに連れて行ったりという接待をします。そんなことをしているから金がかかって仕方ないんです。昔は「成田受け、成田戻し」と言って、アーティストの国内の移動費、宿泊費はもちますが、それ以外の関係者の経費は全額向こうもちだったものです。それがいつのまにかジャズ、クラシックは全部、招聘元が丸抱えするようになっちゃったんですよ。

だけどその後、ボブはニューヨーク郊外の自宅に招待してくれました。彼の家族とで7〜8人くらいのホーム・パーティでした。庭でバーベキューをやり、彼が焼いてくれました。

それで彼がピアノを弾いて、娘が何曲か歌って歓迎してくれました。良い思い出です。

ピーターソンの私邸に招かれる

オスカー・ピーターソンとは縁がありました。時代は遡《さかのぼ》って水戸でレコード店を経営し、日本の歌手を呼ぶ「イベンター」をやっていたころのことでした。ジャズをよく招聘していた「オールアートプロモーション」の石塚孝夫社長から、ピーターソンの水戸でのコンサートを買ってくれないかと話が来たのです。こちらが水戸でのチケットを販売し、公演の経費等、全部負担することになります。僕は引き受けました。茨城県立県民文化センターでキャパは1700人。あっという間にチケットは完売し、満席になりました。彼らはピアノトリオで、ピアノは県民文化センターにあるスタンウェイのグランドピアノを使うから、経費はそれほどかからなかったので儲かりました。ピーターソンの弾く「酒とバラの日々」にはしびれましたよ。

それで後年、ボブ・ジェームスを手掛けた縁でジャズとのつながりができ、渡米してオスカー・ピーターソンに会いに行きました。そこで彼とは「前に会ったよね」「はい、7～8

年前に水戸のプロモーターとして会いました」という話になりました。そしたら「自宅に来い」と招待してくれたのです。ピーターソンの自宅はカナダのトロントにあって、豪邸ですが、金ピカな金持ちの家なんかじゃなくて、おしゃれで品のある平屋建てでした。それで、彼が自宅のピアノで、僕の前で何曲が弾いてくれたのです。一生の思い出ですね。

　オスカー・ピーターソンが来日したのは89年のことでした。それが彼の日本での最後のコンサートになりました。全国各地でピアノトリオのコンサートをやりました。主催は西武百貨店です。そのころ、僕はセゾングループにスカウトされて、西武に移籍していたのです。ちょうどマドンナを呼んでから半年後、西武が文化事業にも進出し、音楽関係の会社を作るということでした。それで西武に移ったわけです。

第6章　スティングを呼ぶ

スティングは、1970年代後半に結成されたロックグループ「ポリス」のベーシスト兼ボーカルでシンガーソングライター。1985年からソロ活動を開始して、日本でも抜群の人気を誇る。

「イングリッシュマン・イン・ニューヨーク」のMTVに感激

先述の通り、85年に開催した「スーパーロック'85」でスティングが来日し、このときの招聘元は音楽舎で、僕はファイナンスにかかわっていました。スティングはポリスを独立してソロになって間もなくのころ。スティングとしては初来日でした。この時、彼はホテルオークラのスイートルームに宿泊し、僕はオークラのレストランで朝食のアテンドをした。そのころはまだ彼とはそれほど親しくなかったけど、紳士的な印象でかっこよかったですね。その一方で内心では何考えてるかわからないという神秘的な感じもしました。

87年暮れあたりだったと思いますが、例のポール・オニールから「スティングをやらないか」と声をかけられました。彼はポリスとしては凄かったけど、ソロとしてはまだメジャーではありませんでした。よくあることですが、人気バンドのリーダーでも、独立するとパッとしないという例はいくらでもあります。僕は西武百貨店に移ったばかりでしたので、けっこう慎重になっていました。それでニューヨークに行って見せられたのがスティングの「イングリッシュマン・イン・ニューヨーク」のＭＴＶのビデオだったのです。

感激しましたね。かっこよかったですよ。僕はまだ西武の許可をもらってはいなかったのですが、ポールに「やるよ！」と即答しました。とはいえ、西武がＯＫしてくれるかどうかはわかりませんでした。ちなみに、のちに僕もニューヨークにコンドミニアムを買いました。当時35万ドル。１ドル80円の時代でした。それが10年後には２００万ドルで売れました。もっとも借金の返済でその２００万ドルはなくなっちゃったわけですが……。

スティングと氷室京介のジョイント・コンサート

このころ、西武はチケットセゾンというチケット販売会社をやって儲けていました。なかでも、日本のロックグループ「ＢＯØＷＹ《ボウイ》」の東京ドームでの解散コンサートのチケットを手掛け、大儲けしました。なにしろ、チケット申し込みの電話回線がパンクして、東京で３時間電話が通じなくなったというくらいです。練馬、板橋、豊島区では7時間電話が不通になっちゃいました。当時はネット販売なんてありませんでしたから、チケットの購入はプレイガイドか電話で申し込むしかなかったのです。そのBOØWYのボーカルの氷室京介がスティングの大ファンで、「スティングとジョイント・コンサートが出来たら死んでもいい」と言っていたくらい、スティングのことが大好きだったんですよ。

それで僕は、「これならいける」、西武のお偉いさんもOKしてくれると思い、スティングと氷室京介とのジョイント・コンサートを提案しました。そうして東京ドームでの4日間の公演が実現したのです。お偉いさんは、スティングのことは知らなくても、氷室京介が大人気なのはチケットが売れた成功体験で知っていましたから、すんなり許可してくれました。これが西武で僕が手掛けた初のロックコンサートになりました。その後、スティングはツアーで全国を回りました。全部、ソールドアウトになりました。

これは余談ですが、うちの妻がスティングの大ファンになって、全国のコンサート会場を追っかけました。それで妻がスティングと写真を撮りたいと言い出して、彼はOKしてくれました。東京のホテルオークラで、部屋のドアから出て来たところで写真を撮りました。それがスティングは上半身裸になって、妻の肩に手をまわし、かかえている写真。いかにもいま関係してきたといわんばかりの写真で、これは妻の一生の宝物になりました。

もうひとつ余談ですが、後にスティングは宮崎県につくられたリゾート「宮崎シーガイア」のコマーシャルに出ました。「宮崎サイコー」と言うCMでしたが、スティングの発音は「ミヤダキサイコー」にしか聞こえません。それで電通の担当者が、「ザック宮崎は覚えているよな」と聞いた。「ザック宮崎は覚えている」と。「ザック」と先に発音すると「ミヤザキ」と言えるんです。それで「ザック宮崎サイコー」と言わせて、「ザック」を切って編集したそうです。

ゴルフで風邪をひいて当日の公演キャンセル

それからまもなくして、僕は西武を辞めました。いろいろ揉めることがあったからです。それである人と共同で招聘会社を始めたのですが、相性が合わなくてそれも半年で辞めることになりました。そして今度は自分の会社「ザックコーポレーション」が呼び屋としての舞台となるわけです。

最初に手掛けたのが92年1月の「スティング」の来日公演。彼を直接手掛けるのは2回目で、全国10ヵ所を予定していました。ところが、来日コンサートの最中、2公演が終わったあとのオフの日に、スティングは知り合いとゴルフに行って風邪をひいてしまうのです。彼が「ゴルフに行きたい」と言うから、僕は「こんな寒いときに行くのか」と引き留めたのですが、彼は言うことを聞きませんでした。僕は「君は自然を守る運動をやっているけど、ゴルフ場は自然破壊の最たるものだ」と嫌味を言ったのですが、彼は「趣味と信条は別だ」とか言って出かけてしまったのです。

案の定、次の日の横浜での公演は、のどが痛いから歌えないという。この風邪ひきのおかげで1公演がキャンセルになってしまいました。さらには大阪での公演も、歌えないという。都合、6公演が中止になってしまいました。当日キャンセルですから、照明など、設営した設備もパーですし、会場費、アルバイトの人件費、チケットの払い戻し等、1公演で2000万円がすっ飛び、全部で1億円以上の大赤字になってしまいました。

しかも公演を中止している最中、写真誌にスティングが北海道の温泉に浸かっている写真をスッパ抜かれてしまう始末で、ファンからは「金返せ！」の大ブーイングだったんです。

とはいえ、スティングは憎めない、いいヤツなんですよ。2022年3月、スティングは85年にリリースした「Russians」という曲で、改めてギターとチェロで演奏している動画を配信し、その売り上げを戦争中のウクライナに寄付しました。そういうところのある男なんです。

第7章

「ビル・エヴァンス」「世良譲トリオ」「阿川泰子」を呼ぶ

ビル・エヴァンスの急死で大損

また少し遡りますが、水戸でまだレコード店をやりながらコンサートも手掛けていたころの話です。僕はフォーク歌手を呼んでコンサートをやっていましたが、ジャズやクラシックもやるようになっていました。そうしたなかで、ビル・エヴァンスを呼べるチャンスが巡ってきたのです。

たまたま知り合いの招聘会社「オールアート」から相談が来ました。「ビル・エヴァンスをやりませんか」と。この会社はジャズを専門にやっていて、富士通をスポンサーにつけて15年間、「コンコード・ジャズ・フェスティバル」を開催していたほどです。僕も水戸にオスカー・ピーターソンを招聘し、ジャズでも実績があったので声を掛けられたのです。それでその会社が、東京から西の公演は手掛けるから、東京を除く東日本の公演を仕切ってくれないかということでした。

当時、ジャズの雑誌では「スウィングジャーナル」がなんといってもナンバー1で、読者のファン投票では、ビル・エヴァンスは常に1位か2位を占めるほど人気がありましたからね。僕は、それこそなけなしの金を払ってやらせてもらうことにしました。

当時、ビル・エヴァンスにかかるギャラは1公演で100万円、それに交通費、ホテル代です。いまの時代からみれば安く感じるかもしれませんが、当時は大卒の初任給が11万円の時代ですから、けっこうなお金です。水戸、宇都宮、仙台、盛岡、札幌と会場を押さえ、チケットは完売したのでほっと一息つきました。ところが、コンサート2週間前の新聞記事に「ビル・エヴァンス急死」と訃報が出て、すべてがパーになりました。会場費、宣伝費、チケットの払い戻しで貯めていたお金を全部失ってしまったのです。

「世良譲トリオ」で「阿川泰子」のディナーショー

同じ時期に、ジャズ・ピアニストの世良譲さんと知り合いました。当時、TBSの夜の番組で「サウンド・イン・S」という大人向けのジャズの人気番組があって、世良さんは司会とピアノ演奏をしていた。お酒を飲みながらのトークと、いつも美人のジャズシンガーが共演します。僕はそれを見ていておしゃれだと思っていました。

水戸の田舎のディナーショーといえば演歌歌手が中心で、オヤジがキャバレーの女性を同伴して観に行くというたぐいのものでした。僕の妻は、おしゃれをして同級生の仲間と観に行けるようなディナーショーに行きたいと言っていたので、僕は「これだ！」と思いましたね。世良さんは、ジャズのクラリネット奏者の北村英治さんに紹介してもらいました。東京に会いに行って、世良さんと北村さんのデュオで水戸に来てもらうことになりました。

水戸にあった「西洋堂」というおしゃれなレストランで、100人のお客さんを呼んでディナーショーをやりました。その評判が良かったので、2回目をやることにして、ゲストボーカルとしてデビューしたばかりの阿川泰子さんも呼ぶことにしたのです。まだ知名度もない歌い手でしたが、レコードジャケットを見たら美人だったので「これはいける！」と思ったわけです。

さっそくビクター音楽産業に電話したら承諾してくれました。ただ、ピアノとクラリネットだけでは歌えない、ベースとドラムのリズムセクションがなければ歌えないと言うのです。そのことを世良さんに伝えたら、「新人のくせに！」と怒ったものです。「おれがサポートするから大丈夫だからと伝えておけ」と言う。所属するレコード会社の担当者は「勉強不足で申し訳ない」と言いながらも、リズムセクションをつけてほしいと頭を下げます。僕は世良さんとの間で板挟みになってしまい困っていたら、北村さんから「僕が内緒でベースとドラムを連れて行くから。現地で万が一を考えて呼んでおいたととりつくろうからまかせておいて」と言ってくれました。

当日、水戸駅に迎えに行ったところ、世良さんだけ遅刻して来ていません。急行が1時間に1本しかありませんから、1時間遅れで世良さんが来ました。着く早々「百貨店に行け」と言われます。なんでもボウタイを忘れたとかで、急ぎ百貨店に買いに行きました。それで「ボーカルは来てるの?」と。阿川さんの名前を忘れているんですね。会うなり、「君か。ベースとドラムがないと歌えないと言ったのは」という調子です。試しにリハーサルで1曲、世良さんのピアノで歌わせてみると歌えます。「なんだ、歌えるじゃん」となったのですが、結局、ベースとドラムも入れてディナーショーをやりました。大成功でした。

そして3回目。当時、人気絶頂だった歌手の伊東ゆかりを呼べました。そのころの彼女のギャラは昼夜2回公演で日建て200万円と破格でした。だけど、世良さん経由で依頼して、彼女がひとりで来てくれることになったのです。ギャラは20万円で済みました。要するに事務所を通さない「闇営業」だったので、そんな格安の金額で引き受けてくれたわけです。もちろんチケットは完売でした。

「海野義雄」「堤剛」「中村紘子」を呼んで「クラシックを鑑賞する会」

水戸時代には、クラシック音楽のコンサートも手掛けました。当時、株式会社「新芸術家協会」というクラシックを専門に手掛ける会社がありました。同社は日本の7割から8割のクラシック奏者のマネージメントを請け負い、また外国からクラシック奏者を招聘していました。その会社とのつながりで、ピアノの中村紘子《なかむらひろこ》、ヴァイオリンの海野義雄《うんのよしお》（元東京芸術大学教授、元NHK交響楽団コンサートマスター）、チェロの堤　剛《つつみつよし》（桐朋学園大学特命教授、サントリーホール館長）のトリオで演奏会をやったことがあります。茨城県立県民文化センターで1700席のチケットが売れました。

そこでハタと思いついたのが、地元に「クラシックを鑑賞する会」を作ったらどうか、ということでした。2万円の会費を払うと年間で5公演聴けるというものです。そこで地元名士でクラシック愛好家だった伊勢甚百貨店の会長をまきこんで、会員集めに奔走しました。

この時、日本で初めて、僕はチケットのクレジット決済という方法を採用したのです。当時、まだクレジットカードの普及は今ほどではなくて、しかも利用できるのは物販に限られていました。万一、利用者が支払いできなくなったときには、物販したものを差し押さえることができます。とはいうものの、飲食とかコンサートのチケットなんかは消費して終わりですから、担保にならないわけです。当時はまだ、コンサートのチケットは窓口販売だけで、人気アーティストとなると、チケットを販売する主催者の会社の窓口に徹夜で行列して、現金で買っていた時代でした。ネット全盛の現代では考えられないことですね。

そこで、北海道の新興カード会社「ジャックス」と組んで、チケットを取り扱ってもらうことにしたのです。なんでも、新しい会社名を売り出すにあたって、何か、アピールできるアイデアをほしがっているということを聞きつけて、クラシックコンサートはどうかと僕がプレゼンしました。それが採用されたというわけです。

伊勢甚百貨店の元会長が音頭を取ってくれて、まず4ヵ月かけて水戸で500人ほどの会員を集めました。1回目の幕開け公演が、海野義雄、中村紘子、堤剛でピアノトリオのための協奏曲。2回目がヴァイオリニストのレオニード・コーガン、3回目が室内楽のドイツ・バッハ・ゾリステン、4回目がピアニストのイエルク・デームス、5回目がピアニストのイングリッド・ヘブラー、6回目がジュリアード弦楽四重奏団です。500人集めたのでそれだけで1000万円になりました。

こ
７０……１
場費……会
しま……を
ル・……ミ
ツ・……ネ

このときは栃木県の船《ふな》田《だ》譲《ゆずる》知事と宇都宮市の増山道保市長に協力してもらいました。なにしろ、「クラシック不毛の地」といわれた栃木県ですから、県知事や市長も文化事業に積極的だったわけです。県知事や市長夫妻も会員になってくれました。ここでもクレジットカード決済を採用しました。

しかし、ここで事件が起こります。新芸術家協会がカラヤン指揮のベルリン・フィルを招聘します。会場は東京都杉並区にあった立正佼成会のホール「普門館」で、ここは５０００人を収容できるキャパがあります。ＴＢＳの主催でチケットは即完売でした。それほどカラヤンのベルリン・フィルは人気がありました。ところが新芸術家協会の社長がそのお金を商品相場につぎ込んで大損を出し、カラヤンにギャラが払えなくなってしまうのです。結局、ります。

TBSが立て替えて事なきを得るわけですが、そのとばっちりを僕の会社が受けることにな

翌年、「音楽を鑑賞する会」で、スヴャトスラフ・リヒテルを目玉にして、あとマルタ・アルゲリッチ、ダニエル・バレンボイム、ギドン・クレーメルで公演をやる予定でいたのですが、僕の会社も新芸術家協会の影響で大損を出したという噂を流されます。「宮崎の会社はギャラを払えないぞ」というわけで、当時、クラシック業界で2番手の招聘元の「神原音楽事務所」、3番手の「梶本音楽事務所」がアーティストを出してくれなくなってしまったのです。そういう顚末で「鑑賞する会」はたった1年で終わってしまったのでした。

この水戸時代に考えた電話予約によるチケット購入システムは画期的なものだったんですよ。電話を受けて、相手にジャックスカードのカード番号を言ってもらえたら、氏名と住所はわかっていますから、あとはチケットを郵送するだけ。代金はジャックスカードからの引き落としです。水戸の町で徹夜でチケット売り場に並ぶ必要はありません。

この評判が良くて、たちまち3000人のジャックスカード会員が生まれました。水戸の人口は当時20万人で、そのうちの3000人ですからね。僕の懐《ふところ》にはカード会社から月に20万円から30万円の手数料が入ってきました。

この仕組みを人口の多い東京でやったら凄いことになりますよね。だけど僕には東京に拠点がないから水戸でしかできませんでした。そうこうするうち、後に茨城大学の名誉教授になる梅田武敏さんからコンサートや映画の情報誌を発行している「ぴあ」社長の矢内廣氏を紹介していただき、東京に売り込みに行きました。彼は中央大学の学生時代に「ぴあ」を起業したことで有名でした。ところが、断られました。

「コンサートはチケットを買うために徹夜で並んでいるときから始まっている」と。確かに名言ですね。それで僕は諦めたわけですが、それから何年も経ってから、「ぴあ」は劇団四季と一緒になって「ぴあカード」というのを作りました。これはクレジットカードでしたが、27歳のときに考えた僕のアイデアとまったく同じ仕組みでした。

いまではコンビニでチケットが買えますよね。携帯電話かネットで予約して、コンビニで手続きするとプリンターでチケットが発券されてきます。実は、僕は99年にそのビジネスモデルを考案して、会社の幹事証券だった大和証券の人間に話しました。彼は「画期的だ！」と言ってくれて、各ビジネス週刊誌に掲載されましたが、結局、ローソンに先を越されてしまいました。僕のアイデアはいつも時代を先取りし過ぎていて、それで儲け損なっているのです。

第8章

指揮者ロリン・マゼールとフランス国立管弦楽団を呼ぶ

ロリン・マゼールはフランスの生まれ。幼少期に一家でアメリカに移住し、10代にして全米の主要オーケストラの指揮をするという天才ぶりを発揮した。ピッツバーグ大学で哲学などを学ぶかたわら、ピッツバーグ交響楽団でヴァイオリニストとして活躍。のちイタリアに渡りバロック音楽を学び、1965年にベルリン放送交響楽団の音楽監督に就任。82年ウイーン国立歌劇場の総監督、2002年ニューヨーク・フィルハーモニックの音楽監督を歴任するなど赫々《かっかく》たる経歴を誇る。来日公演は30回を数える。

池袋・東京芸術劇場のこけら落としを手掛ける

87年のことです。僕は堤清二氏が代表をつとめるセゾングループで興行関連の部長に就任していました。一番記憶に残る仕事は、指揮者のロリン・マゼールとフランス国立管弦楽団を呼んだことでした。ことにマゼールとの長年にわたる友情は、僕にとって「呼び屋」としての最大の財産でした。彼には後々までずいぶん助けられることになるのです。

マゼールは、カラヤン、バーンスタインの次の世代の、世界でもクラウディオ・アバド、小澤征爾と並ぶ名指揮者でした。

89年には、池袋に東京芸術劇場が建設されていました（87年着工、90年10月オープン）。セゾングループにとって池袋はお膝元なだけに、堤代表から「東京都に協力したい、こけら落としで何かやれ、アイデアを出せ」と命じられます。それで東京都の教育委員会にプレゼンに出かけました。東京の代表的な姉妹都市といえば、ニューヨーク、パリ、ロンドン。そういった都市の交響楽団を招聘して公演をやったらどうか、と提案しました。しかし、ロンドン交響楽団やニューヨーク・フィル、パリ管弦楽団といった超一流どころはスケジュールがいっぱいで招聘するのは無理でした。

そのとき、中部日本放送（CBC）がフランス国立管弦楽団を呼ぶという話を聞いたのです。この交響楽団はフランスでは2番手の楽団だったのですが、常任指揮者がマゼールなので、これは超一流。指揮者がマゼールなら、格好がつくだろうと考えました。そこでCBCと交渉して、西日本ではCBC、東日本はセゾンが手掛けるというかたちで話がついたのです。ギャラは1公演でマゼールに1000万円、楽団に300万円、そのほか、交通費宿泊費等の金がかかります。ただし、劇場の使用料は、こけら落としなのでタダのうえ、都が1000万円の寄付をくれるといいます。これには堤代表から「寄付するのはセゾングループのほうだ」と怒られてしまったのでお断りしたわけですが。これまでの経験から、僕には興

郵便はがき

1 1 2-8 7 3 1

料金受取人払郵便

小石川局承認

1163

差出有効期間
2026年9月14
日まで

東京都文京区音羽二丁目
十二番二十一号

講談社 第一事業本部

講談社+α新書係 行

★この本についてお気づきの点、ご感想などをお教え下さい。
(このハガキに記述していただく内容には、住所、氏名、年齢などの個人情報が含まれています。個人情報保護の観点から、ハガキは通常当出版部内のみで読ませていただきますが、この本の著者に回送することを許諾される場合は下記「許諾する」の欄を丸で囲んで下さい。

このハガキを著者に回送することを　許諾する　・　許諾しない)

TY 000050-2406

愛読者カード

今後の出版企画の参考にいたしたく存じます。ご記入のうえご投函ください（2026年9月14日までは切手不要です）。

お買い上げいただいた書籍の題名

a　ご住所　〒□□□-□□□□

b　(ふりがな)
お名前

c　年齢(　　　　)歳

d　性別　1 男性 2 女性

e　ご職業(複数可)　1 学生　2 教職員　3 公務員　4 会社員(事務系)　5 会社員(技術系)　6 エンジニア　7 会社役員　8 団体職員　9 団体役員　10 会社オーナー　11 研究職　12 フリーランス　13 サービス業　14 商工業　15 自営業　16 林漁業
17 主婦　18 家事手伝い　19 ボランティア　20 無職
21 その他（　　　　　　　　　　　　　　　　）

f　いつもご覧になるテレビ番組、ウェブサイト、SNSをお教えください。いくつでも。

g　お気に入りの新書レーベルをお教えください。いくつでも。

行としては儲けが出ることが見えていました。

マゼールから「東京に行けなくなった」のファックス

それで話がついたと安心していたら、マゼールからCBCに「日本に行けなくなった」というファックスが入ったのです。CBCとしては、別の指揮者に変更すればよいという考えで、大騒ぎにならなかったのですが、こちらとしては楽団が2番手なのだから、せめて指揮者はマゼールでなければ困ります。

そこで僕が直接マゼールと交渉することになったのです。さっそくニューヨークに飛びました。当時、マゼールはモナコと米国のピッツバーグに自宅を持っていて、ピッツバーグ交響楽団の常任指揮者もやっていました。ニューヨークにいるときはフォーシーズンズホテルに宿泊します。すると、マゼールからランチでミーティングをしたいと伝えてきました。普通、ディナーでしょう。つまり、ディナーだと断りにくくなるからランチと言ってきたわけです。

先方がそう言うなら仕方がないので、フォーシーズンズホテルのレストランでランチをしながら交渉しました。英語の通訳を入れて、「来てくれなければ困る」「絶対無理だ」という押し問答の末、「ひと晩考える」という答えで翌日にまたランチ。「セゾンの顔がつぶれる」と言っても「いや絶対無理」との返事です。それでも僕が諦めなかったので、今度は「それならパリに行けるか？　上部組織の放送局の会長と話をしてほしい」と言われました。ニューヨーク出張は会社の許可を取らないで来ていたので自腹、さらにパリも自腹となるとはいえ仕方がありません。するとマゼールが紹介状を書いてくれ、ホテルはパリの一流ホテルであるロワイヤル・モンソーに泊まれと言います。一流じゃないと足元を見られるというわけです。これも痛い出費ですが仕方がありません。それでニューヨークからパリに飛びました。

パリではフランス国立管弦楽団を所有するラディオ・フランセの会長と会いました。ラジオ局のラディオ・フランセと楽団とは、日本でいえばNHKとNHK交響楽団の関係のようなものです。僕は会長に、「マゼールが大好きで尊敬している」と伝えました。すると会長は楽団の団長とコンサートマスターを呼んでいるから彼らと話をしてほしいと言います。オーケストラの会議室で彼らと会いましたが、ふたりから「マゼールとは二度とやりたくない」と拒否されました。

それなら他に世界的な指揮者を代わりに呼べるのか？　僕は、事前の調査でカラヤン、小澤征爾、ゲオルグ・ショルティ、バーンスタイン、アバドら名だたる指揮者はすでに予定が入っていて東京に来ることなど不可能であることがわかっていました。僕は彼らに、
「誰ならやるの？　僕はフランス国立管弦楽団とマゼールなら受けるけど。誰かほかに代わりになる著名な指揮者がいるようなら受け入れる」
と言いました。彼らは何人か有名な指揮者と共演していると自慢していましたが、僕は
「1週間のうちに答えがほしい」と念を押しました。結局、彼らも代わりをみつけることはできませんでした。しぶしぶ、マゼールとやることを受け入れたわけですが、いろいろ条件で揉めました。マゼールと同じ飛行機では嫌だとか、同じホテルも嫌だとか言うわけです。

マゼールと団員は一切口をきかなかった

それでは、なぜ、マゼールと楽団とが揉めていたのか？　その理由をこれから明かします。それはベルリン・フィルと関係があったのです。当時、ベルリン・フィルの常任指揮者はカラヤンでした。そのカラヤンが、22歳の若いクラリネット奏者に恋をします。しかも団

員の許可をえないで彼女を団員にしようとしたのです。当時のベルリン・フィルの団員は全員男性で、彼らはカラヤンに猛烈に反発しました。

数年後、「ポストカラヤン」の指揮者を誰にするかという話になります。小澤征爾、アバト、それにマゼールの名前が挙がっていたらしいです。もちろんマゼールにも色気がありました。ところが、ベルリン・フィルの内規では、他のヨーロッパの楽団の常任指揮者に就いてない人、という条件があったのです。

ベルリン・フィルの常任指揮者になるためには、マゼールはフランス国立管弦楽団を辞めなければなりません。とはいえ、自分から辞めたいと申し出たら、契約違反で莫大な違約金を払わなければならなくなります。楽団のほうからクビを言い渡されたら違約金は発生しません。マゼールは考えました。楽団との契約書には、指揮をしろとは書いていなくて、指揮台に立つと書いてあるだけです。そこで、マゼールは楽団との公演で指揮台には立ったけれども、一切、タクトを振らなかったのです。会場はざわつきましたが、コンサートマスターの指揮で演奏は無事終了しました。団員は怒りまくったそうです。

「なんで指揮しないんだ」「おれは契約書通り指揮台には立った」というやり取りの末、楽団のほうから「お前なんかクビだ！」となって喧嘩別れになったのです。マゼールは、結局、ベルリン・フィルの常任指揮者にはなれなかったのですが、そういう怨恨があって、マゼールは「日本に行けなくなった」とファックスし、楽団は「マゼールとは二度とやりたくない」という関係になっていたのです。そういう話はあとから聞いて知ったことなんですが。

まあ、難産の末だったけれど、マゼールとフランス国立管弦楽団とのコンサートは実現することになりました。その一方で今度は、われわれのほうで問題が発生しました。これは後でくわしく話しますが、僕は業務で私腹を肥やしたというあらぬ疑いをかけられ、白黒はっきりするまで謹慎処分になってしまったのです。それでマゼール来日の件は僕の手を離れることになりました。

ところが、西友の役員がパリに行き、マゼールにそのことを伝えると、彼は「自分は宮崎と契約したので、彼が外れるなら日本に行かない」と言ってくれたそうです。だから結局は、西友の役員もしぶしぶ僕を担当にせざるをえなかったというわけです。公演は大成功でした。東京芸術劇場では5回公演しました。キャパは計1万人で、全公演満席でした。しかし期間中、マゼールと団員は一切、口をきかなかったですね。朝日新聞の文化欄は、そうした事情も知らず、この公演を絶賛していました。僕は、「いいかげんなもんだ」と思っていたけれど、ある専門家から、「指揮者と楽団とは緊張関係があるほうが良い演奏ができるものだ」と聞かされました。「なるほどね」と思いましたよ。これがきっかけで僕はマゼールと懇意になったのです。

その一方で苦い思い出もあります。マゼールと親しくなって10年後くらいの話ですが、僕は西武百貨店時代にお世話になった役員の方から、ある女性をマゼールに紹介してほしいと頼まれ、間を取り持ったことがあります。彼女は音楽業界とはまったく無縁の実業家でしたが、日本財団が運営する日本音楽財団の理事長になります。そして、日本財団の資金力をバックに、マゼールのコネクションを活用して名器といわれるストラディバリウスのヴァイオリンを買い漁ったのです。

日本音楽財団の所有となりますが、それをヴァイオリン奏者に無償で貸し出しするという事業を始めました。15丁ほどのストラディバリウスを買ったでしょうか。おかげでストラディバリ製のヴァイオリンの相場が2倍に跳ね上がってしまったのでした。

第9章

「ビリー・ジョエル」「ローリング・ストーンズ」「ホイットニー・ヒューストン」「サイモン&ガーファンクル」を呼ぶ

契約目前で認められなかったビリー・ジョエルとローリング・ストーンズの来日

僕が西武百貨店で仕事をしていた1989年のことですが、アーティストのワールド・ツアーを買い取っているマネージメント会社から、ローリング・ストーンズの来日話が持ち上がりました。それで僕は600万ドルで仮契約することに成功したのですが、西友の高丘季昭会長から許可が下りませんでした。なんでも東京ドームもローリング・ストーンズの来日公演に色気を示していたらしいのです。あとから聞いた話では、うちが手掛けている情報を聞きこんで、東京ドームは後出しで手を挙げたらしいのですが、結局、高丘会長から「読売グループと喧嘩するのか！」と怒られて、手を引くことになりました。東京ドームが手掛けた公演は、追加、追加の大人気となり、10公演で40万人の観客を動員することになったのです。ほんと、残念な話でした。

それと同じころ、例のポール・オニールの口利きで、ビリー・ジョエルを呼べることになりました。カナダのカルガリーで行われた彼のコンサートを聴きに行き、公演後、契約の話になりました。初めて会ったビリー・ジョエルは、ものすごく背が低かったので驚いたものです。すでにスーパー・スターでしたし、僕は、もっと大柄な男をイメージしていたのです。それで「ドラフト」にサインをもらった。ドラフトとは仮契約書というか、本契約の草案みたいな文書のことで、これにサインをもらえたということは招聘が成功したも同然です。それで意気揚々と帰国したのですが、会社からは、「こんなの駄目だ」と認めてもらえませんでした。それで来日話は流れてしまったのです。

ビリー・ジョエルはナイスガイでしたよ。握手をして、「何の曲が好きだ？」と聞かれたから、僕は「アップタウン・ガール」（83年にシングル・リリースされた曲）と答えました。彼の曲の中では他にもっと有名な代表曲があったから、彼から「それは珍しい！」と驚かれたことが印象に残っています。そんなこんなで、どうやら西武には僕の居場所がなくなっていたようでした。それで90年になって西武を辞め、独立することになったんです。

ホイットニー・ヒューストンの来日が「大麻」でキャンセル

外国人アーティストの招聘には思わぬトラブルがあります。独立後の99年のこと。ホイットニー・ヒューストンのエージェントと契約し、日本に呼べることになりました。映画『ボディガード』に主演し、主題歌が全世界で爆発的にヒットし、人気絶頂のころでした。僕はマドンナ、スティングを日本に呼んだ実績がありますから、ロサンゼルスではちょっとは知られた存在になっていました。僕の会社「ザックコーポレーション」は上場していませんでしたが、当時、ベンチャービジネスの株式市場「東証マザーズ」で、売り上げ1億円の会社でも上場したら200億円の時価総額になっていました。大手の証券会社からは、うちの会社は10億円の売り上げでしたから、2000億円になると言われました。僕は7割の自社株をもっていましたから、有頂天です。200億円で会社を売らないか、ともちかけられたこともあったくらいです。

そのころのことでしたね。ホイットニー・ヒューストンの招聘では、600万ドルの契約で前金として半分を入れていました。東京ドーム、大阪、福岡で公演する予定で、会場を押さえました。ところがそこへ携帯電話に連絡が来ました。「ハワイにいたホイットニー・ヒューストンが、大麻で逮捕された!」と。僕は思わず「ホントにヒューストン?」と聞き返したくらいです。300万ドルの前金は返ってきましたが、会場費の合計数千万円は戻ってきませんでした。

好きで手掛けた「アース・ウインド&ファイアー」

2001年から02年にかけての話。ソウルミュージックのレジェンドバンドであるアース・ウインド&ファイアーを呼びました。東京国際フォーラムと大阪のフェスティバルホール。ですから、全盛期は過ぎていたし、ヴォーカルのモーリス・ホワイトはすでに引退していました。収容人数は5000人規模。それでも人気はあって、そこそこは入りました。モーリス・ホワイトは、90年の終わりごろ、難病にみまわれステージに立てなくなっていました。これからはプロデューサー業に専念するとのことだったのです。

僕はアースが好きでした。彼らの楽曲でいえば「レッツ・グルーブ」とか「セプテンバー」が好きでした。ですから来日の話が来た時に、手掛けることにしたのです。それで04年、アースの来日で、今度はモーリス・ホワイトも来るという。日本武道館で2日間、名古屋、福岡、大阪、愛媛でやりました。チケットは完売です。だけど、彼はステージには1、2曲しか立たなかった。というより立てなかったのかな。歌っているふりをして、リズムにあわせて踊っているだけでした。

「サイモン&ガーファンクル」来日が大麻逮捕でキャンセル

サイモン&ガーファンクル（S&G）も手掛けました。彼らのワールドワイドのツアーの権利を持っていた英国の会社から話が来たのです。僕の若いころ、ビートルズ派とS&G派にわかれていたことは前に話しましたが、僕は断然S&G派で、是非やりたかったのです。もはやオールディーズの範疇《はんちゅう》のアーティストになっていましたが、ちょうど彼らの全曲を収録したCDボックスが出たばかりで、話題にはなっていました。

実は彼らは仲が悪いのですが、金がなくなると仲直りして再結成し、コンサートをやるというパターンでした。81年にニューヨークのセントラル・パークで行われた彼らの公演を見に行ったこともありました。50万人の観客が集まっておおいに盛り上がっていましたね。これは日本でもいけると思いました。往年のファンは大勢います。演奏後、楽屋でエージェントのニール・オーノックに紹介されて、彼らに会いました。僕は、「今度は日本ですね。昔からファンだった」と言ったのですが、はたして聞いていたかどうか。外交辞令的な顔合わせで終わってしまいました。

会場は東京ドームと大阪ドームを押さえておきました。ところが、いよいよチケットを売り出そうかというときに、英国のエージェントから「ザック、大惨事だ」と電話が来ました。「アート・ガーファンクルが逮捕された」と言うんです。それで急ぎロンドンに飛びました。そこで詳細がわかりました。なんでもアメリカのニューヨーク州で、ガーファンクルが付き人の運転する車に乗っていたら、交通違反で若い白バイの警官に車を止められたらしいのです。それでイライラしたガーファンクルが、後部座席の窓を開けて、警官に「おれが誰だか知ってるのか？　知らなきゃもぐりだ」と悪態をついたそうなんです。それで怒った警官が、車の中を調べたところ、マリファナが見つかって、逮捕されてしまったというわけです。チケット販売はまだでしたが、会場を押さえていた費用３０００万円はパーになってしまいました。

第10章　「トロカデロ・デ・モンテカルロ」を呼ぶ

保険の外交員女性に配って大成功

1987年に、僕が西武百貨店に引っ張られて、イベントを手掛ける事業部の担当部長になっていたころの話です。早々に手掛けたのがトロカデロ・デ・モンテカルロというバレエ団でした。当時、「フェスティバル」という小さなイベント会社が、ニューヨークの「オフ・オフ・ブロードウェイ」に出演していた、女装した男がバレエを踊るトロカデロ・デ・モンテカルロを日本に呼んでいました。オフ・オフというのは劇場の分類のひとつで、一流どころはブロードウェイに出演できます。その一歩手前が、ブロードウェイより少し格落ちのオフ・ブロードウェイと呼ばれる劇場に出演します。オフ・オフはさらにその下というわけです。観客数のキャパも小さい劇場です。

彼らの踊るバレエはコミカルで面白いのですが、当時、エイズが流行っていたこともあって、ニューヨークから締め出されていました。そのバレエ団に日本の「フェスティバル」という会社が目をつけて、85年に日本青年館で公演をやってみたのです。キャパは1000人ほどでしたが、口コミだけで面白いと評判になり、売れたらしいんですよ。ところがフェスティバルは、他に手掛けたイベントの失敗で倒産してしまった。それで、その会社の女性事務員が、僕にトロカデロを引き取ってもらえないかと泣きついてきたのです。

それで一応、西武百貨店の役員にお伺いを立てて、彼らが出演しているビデオを見せました。役員も「これ、面白いね」と言ってくれました。彼らの演目は「白鳥の湖」だったり「くるみ割り人形」だったり、本物のバレエダンサーだからきちんと踊れるのですが、わざと外した踊りで観客の笑いをとるという芸です。男女ペアで踊るパ・ド・ドゥーというのがありますが、誰が見ても背の高いほうが男で低いほうが女であるわけです。ところが、彼らは背の低い男が男役で、デカいほうが女装して女役をつとめます。背の低い男が、デカい女装の男をリフトで持ち上げてみせるから、コミカルなんですよ。

彼らは、元はれっきとしたバレエ団に所属してたのですが、主役を張れないから、諦めてトロカデロに入ってきたわけです。だから、踊りの技術はそれなりにあります。ところがビデオを見て、役員は僕に言ったわけです。

「面白いけど、さすがにこれは直接西武がやるわけにいかない」「だから会社を作れ。費用は西武がもつから売り上げは西武に入れてくれ」とね。それで僕は、「ザックコーポレーション」という会社を立ち上げたのです。僕は西武の社員だから、母親の名前を借りて社長として登記しました。

トロカデロを日本に呼んだのは88年でした。どうやってチケットを売ったかといえば、僕にはアイデアがありました。当時、セゾングループの中に「西武オールステート生命保険」という会社がありました。そこの生野社長に僕は頼みに行ったのです。保険の外交員の女性たちに、販促用としてトロカデロの公演チケットを使ってほしいと。一般向けの入場券の売値は８０００円だったのですが、４０００円でいいですと交渉しました。東京・五反田のゆうぽうとを皮切りに全国で20公演。「オールステート生命保険」の社長は、そのうちの４分の１のチケットを買ってくれました。お付き合いのつもりだったと思います。それで、恐る恐る、公演が始まりました。ゆうぽうとは１５００人のキャパですが、これが大当たりします。保険の外交員女性たちの営業活動から、「面白い！」と評判になり、それが口コミで広がってブレイクしたわけです。保険会社からはチケットの追加、追加の注文が来て、足りなくなるほどでした。おかげで88年の全国公演は完売。90年の公演も決まったんです。

トロカデロの公演が縁で高円宮殿下との出会い

トロカデロが縁で高円宮憲仁殿下と懇意になるとは想像もできませんでした。その経緯はこうです。もともとトロカデロを手掛けていた招聘元の会社の女性事務員が、「府中の森芸術劇場」に転職しました。その彼女から電話がかかってきて、府中の森で「トロカデロをやってくれないか」と頼まれました。高円宮殿下はご家族でトロカデロを観に行きたいということで、僕の会社に高円宮殿下から「行きたい」という問い合わせの電話がかかってきたのです。僕は「遠いですが、いいんですか」と聞いたのですが「かまいません」とおっしゃるので、「どうぞいらしてください」と返事しました。

当日、劇場でご挨拶して、直接、携帯電話の番号を交換しました。それ以来、高円宮殿下は、毎回、トロカデロの公演を観に来てくださいました。さらには、95年に僕の会社がトロカデロから手を引いてグランディーバ・バレエ団を手掛けるようになってからは、殿下から「パンフレットに原稿を書いていいですか？」と尋ねてきてくださいました。僕は唖然としたわけですが、殿下は「原稿料は要りません」とおっしゃるわけです。そして、殿下は亡くなるまで毎年、グランディーバ・バレエ団の公演を観に来てくださいました。

謹慎休職になった顚末

内容は前にもお話ししたことと少々被ってしまうのですが、僕自身の身の上に起きた事件について、改めて整理してお伝えします。

89年、僕は堤清二代表に呼び出されて、特命を受けました。ひとつはＮＨＫと共同でウィーン・フィルを招聘すること。ふたつ目が、先にもお話ししましたが、池袋に東京芸術劇場ができるので、そのオープニングでセゾングループとして管轄する東京都教育委員会に協力することでした。その一方で、僕は個人の判断で、クレディセゾンの青木辰男会長に、ローリング・ストーンズを６００万ドルで招聘し、6回公演を行う。そのために東京ドームを押さえる。さらにマドンナの2回目の来日公演（1回目は87年）を１０００万ドルで招聘することを相談していました。青木会長は、堤代表とは高校・大学の同級生で、第一勧業銀行の副頭取にまでなりましたが、堤代表がクレディセゾンを作った際に会長として呼ばれた人物です。青木会長は外国人アーティストのことはわからないから、「清二くんに聞いてみる」

と言っていましたが、後日、「やっていいと言っているよ」という返事でした。

それからマドンナのＣＭを手掛ける東急エージェンシーの前野徹社長から西武百貨店の水野誠一社長宛てに、東急が西武に１００万ドルを支払うという誓約書を書いてくれていました。それと同じころに、西武百貨店の制作、クレディセゾンの主催で、そこに東急エージェンシーが1億円を出してくれて、東京ベイＮＫホールで「ソフィスティケイテド・レディ」というミュージカルをやりました。カウント・ベーシーの曲をミュージカルに仕立てたもので、この作品はレーガン大統領夫人のナンシー・レーガンとソ連のゴルバチョフ夫人のライサ・ゴルバチョフが友情の証として作ったという触れ込みで、ニューヨークでの公演は評判のよいものでした。これを日本に持ってきたら、たまたまフジテレビがレーガン元大統領夫妻を招聘していて、レーガン夫人がオープニングにお見えになることになりました。こちらは、最初は堤代表にも出席してもらいたかったのですが、秘書室長からスケジュールが詰まっていると断られ、結局、クレディセゾンの青木会長に出席してもらうことになりました。

ところが、そうこうするうちに西友の高丘季昭会長から呼び出され、マドンナ招聘について、「誰の了解を得てやっているんだ！」と怒られたのです。まず、マドンナのＣＭに東急エージェンシーとは「何事だ！」と。「契約するな」と言われましたが、「もう契約しています」と答えました。さらにローリング・ストーンズと契約寸前までいっていたのですが、それも止めろと言われました。前にも少し触れましたが、同じ時期に東京ドームがローリング・ストーンズを手掛けていて競合していました。高丘会長は「読売グループを敵に回すのか！」と怒っていたわけです。僕は、「これは西武百貨店の仕事だから、百貨店の社長から言われたら止めます」と答えておきました。

ローリング・ストーンズはポール・オニール経由で交渉していて、ポールからは「早く来いよ」と催促されていました。それで僕は、自費でニューヨークまで行ったわけです。ドラフトといって、契約書を交わす前の仮契約書があって、ニューヨークの弁護士とチェックしてそれからトロントに飛ぶことになっていました。当時、ローリング・ストーンズの海外ツアーを仕切っている会社がトロントにあったからです。

ところが、真夜中に高丘会長から電話がかかってきて、「明日サインするな！」「サインしたらセゾングループは君を特別背任で訴える」と脅されたのです。「ひと晩考えさせてください」と答えたら「考える必要ない」と。それともうひとつ、僕はニューヨークに行くときに、ファーストクラスに乗りました。このとき、ばったりグループの西洋環境開発の常務と顔を合わせていました。このことも問題になっていたらしいのです。西武の内規では、ファーストクラスを利用できるのは常務以上となっていました。僕は自費で行ったわけですが、西武の給与でファーストに乗れるわけがないと疑われたわけです。

結局、僕は怖くなってサインするのを止めました。ポールはトロントの会社とドラフトに不備があったとか適当なことを言って、うまくおさめてくれました。それで僕は帰国したのですが、会社は大騒ぎになっていました。出社してみると、部下はおらず、部付部長だった僕の直通電話もなくなっていました。西武百貨店の総務部長から連絡が来て、「君は疑われている。自宅待機で出社に及ばず。こちらから説明を求められたときだけ会社に出てきてください」と告げられたのです。

疑いは、海外からアーティストを呼ぶときに、西武百貨店の社員の身分でありながら相手からコミッションを受け取っているというものでした。他にも私的流用していると疑われた件もありました。それで会社が調査しました。当時は不動産バブルで、僕は所有していたマンションを売却して儲けた金で、1億円が手許に残っていました。だから自費でファーストクラスにも乗れたのです。西武は総務担当役員をニューヨーク西武に派遣して、僕も同行してポール・オニールやマドンナのマネージャー、弁護士から事情を聞きましたが、僕がコミッションをもらい私腹を肥やしていた事実はないことが明白になりました。それで最終的には西武百貨店の水野社長が僕の名誉を回復してくれて、無罪放免になったのです。

とはいえ、西武百貨店に僕の居場所はなくなっていました。そのころ、西武と西友の出資でSSプロモーション（SSP）というイベント会社を立ち上げていました。マドンナやロリン・マゼールを招聘する資金はそこから出ることになっていたのですが、SSPの部長から僕は、トロカデロ・デ・モンテカルロはイメージに合わないからもっていけと言われました。一方マゼールは、僕と契約しているので、僕が辞めるなら自分も日本に行かないと言い出します。結局、僕も手掛けることでマゼールは来日、池袋の東京芸術劇場のこけら落としに間に合ったというわけです。SSPは、マゼールの公演には成功しましたが、その後、3年間で30億円の赤字を出してクローズになりました。

僕は西武百貨店の水野社長から、「君の仕事はもう百貨店にはありません」と言い渡されました。しかし、グループ内で何か仕事がないか心配してくれて、「パルコの小山副社長が君をほしいと言っているから、パルコに行きなさい」とも言っていただきました。役員含みの部長ということでした。当時、僕は42歳でした。家族は、パルコに行けと推してきます。ところが、当時、「ユイ音楽工房」の子会社だった「ディスクガレージ」の市川義夫社長に、「宮崎君、いつまでセゾンに夢を抱いているんですか」と言われました。

今や子会社から独立して、日本一のイベント会社になっていますが、市川さんはコロムビアレコードの部長も務めていたことのある実力者。当時、チケットセゾンはディスクガレージのイベントのチケットを手掛けられずにいて、扱えるように話をつけたのが僕でした。その1回目が先に紹介した「ＢＯØＷＹ」の解散コンサートです。セゾンは大儲けしました。それが縁で、市川さんとは親交が続いていたわけです。市川さんに言われ、考えてみたらパルコの劇場は大きくても８００人のキャパしかありません。他のパルコ関連の劇場になると１００人、２００人という小さな規模です。僕のやりたかったことはもっと大きなコンサートだったので、市川さんからは「そんなんでいいの？」と言われたわけです。だから僕は、パルコ移籍の話は断りました。そして90年11月に東京芸術劇場のこけら落としをやった後、僕は西武百貨店を辞めました。

そして91年、僕は市川さんが資本金２０００万円を出して作った「プロマックス」という会社を共同で経営することになりました。トロカデロ・デ・モンテカルロは88年、90年とザックコーポレーションで公演をやり、91年秋の3回目の来日公演はプロマックスで手掛けることになります。会社事務所は渋谷にあるマンションの１００平米ある一室を借りていて、市川さんは僕専用の部屋も作ってくれました。社員は5人。うち二人が、セゾンに見切りをつけて僕についてきた若い人です。91年のトロカデロの公演は、東京のオーチャードホールを皮切りに全国40公演で、7万2000枚のチケットが即完売でした。各公演でお客さんにアンケートを取り、200人くらいが氏名、住所を書いてアンケートに答えてくれていて、ほとんどがべた褒めです。こちらとしてはそれでお客さん名簿ができるのです。その人たちにダイレクトメールを出したら、確実にチケットが売れました。もちろん新聞広告を打ち、儲かるからチケットセゾンも手掛けてくれました。

一番すごかったのは、名古屋のお客さんが直接会社に電話してきたことでした。名古屋公演の席が取れなかったので、どこかで取れませんかと尋ねてきたのです。残り10公演、ほとんどソールドアウト状態でしたが、福島県の郡山市の公演だけ2枚余っていました。その人は、「じゃあ、名古屋から郡山に行きます」といって買ってくれました。この年の公演では、純利益で5000万〜6000万円が出たと思います。

独立してロリン・マゼールとトロカデロで大儲け

ところが、92年になって、市川さんの会社も辞めることになりました。市川さんは、元キヨードー東京の遠山豊氏を「プロマックス」に呼びました。彼は音楽への造詣が深い人で、アフリカや中南米の音楽にも精通し、日本の公演を手掛けていました。その仕事をプロマックスでやるというわけです。僕はプロマックスで91年にボブ・ジェームスの全国ツアーを10公演手掛けていました。またマドンナの日本でのテレビCM出演の契約も取っていました。これはエルセーヌというエステの会社のCMで1億円の契約料でした。

結局、市川さんと僕とではやりたいことが違っていたようです。僕はスティングをやりたいと言っていたのですが、彼は「そんな博打みたいな公演はやれない」と反対だったのです。「それは宮崎さんの作った会社でやってください」「トロカデロをもって独立してください」と言われ、退社することになりました。市川さんは退職金として５００万円を出してくれました。たった一年しか一緒にやっていなかったわけですが、それは僕にとっては大きなお金で助かりました。

それで92年、僕は以前母親の名前を社長にして立ち上げた、「ザックコーポレーション」の社長になったわけです。ポール・オニールとの関係はできていますから、このザックでスティングの公演をやりました。このとき、田崎真珠が１０００万円の協力金を出してくれました。ところが、スティングの12公演のうち6公演が中止になります。前にも話した通り、スティングが公演の中日にゴルフに行って風邪を引いてしまったことが原因です。6公演が中止になったので、チケットのキャンセル料だのなんだので、1億円の損が出てしまいました。

僕は定期預金の1億円を吐き出して損失補塡《ほてん》をしたわけです。さらには田崎真珠と話を付けてくれた大学の後輩の佐藤君から、公演が半分になったから田崎が500万円返せと要求していると言ってきました。だから500万円をもって佐藤君と神戸にある本社まで行きました。これで僕の持ち金はなくなってしまいます。田崎真珠に行って金を返しました。もう泣き面に蜂ですよ。

ところが、ここから大逆転があったのです。田崎真珠の社長のジュニアはロリン・マゼールの大ファンだったのです。それで、金を返したのに続き、田崎真珠プレゼンツとしてロリン・マゼールの指揮で日本公演を毎年やりたい、そのために毎年1億円を出すという申し出があったのです。

僕は単位を間違えているのではないかと思いました。それほど破格の条件でした。もう驚いたのなんの、です。田崎の重役からは「聞いてなかったんですか?」と言われたくらい驚きました。しかも「準備金がいりますか?」と聞かれたので、僕はとっさに「3000万円、手付金として必要です」と答えました。もう天にも昇る勢いです。佐藤君はその申し出があることを事前に知っていたのに、驚かそうと僕には黙っていたんです。

帰りの新幹線では、行きとは天国と地獄の差がありました。車中、彼とビールで乾杯しましたが、最高にうまかったのを覚えています。ドン・ペリニヨンやクリュッグなんかより、あの時に飲んだ缶ビールは生涯最高の味でした。結局、田崎真珠の協賛コンサートは99年まで続きました。

それと並行してトロカデロを手掛けていましたが、これが爆発的に儲かりました。全国40公演が完売です。完成したばかりの大宮にあるソニックシティでは2700人の満席でした。この時、うちの社員が「市川さんが来ています」と知らせてきました。市川さんは「美しい話をしませんか」と言ってきました。なんでも、東京公演は市川さんの会社のディスクガレージと折半でやりませんかという話でした。

社員は反対しましたが、僕は市川さんから500万円の退職金をもらった恩義もあります。そういう人だから、僕も気持ちよく一緒にやりたかった。それで、最終的にはザック50、ディスクガレージ25、あと東京音協（のちに「ぴあ」に吸収されます）が25という出資比率で追加2公演を東京でやったのです。

マゼール公演から生まれた浩宮殿下、雅子様とのご縁

93年に皇太子の浩宮殿下（現天皇）と小和田雅子様（現皇后）のご婚約が発表されました。その年、サントリーホールでマゼール指揮のコンサートをやったのですが、宮内庁から会社に電話がかかってきました。なんでも、婚約中の雅子様とお母さまが、そのコンサートをお聴きになりたいというのです。もちろん、ご招待させていただいたわけですが、喜んだのがマゼールです。ロイヤルファミリーに是非敬意を表したいということで、公演後に楽屋でご挨拶をさせていただきました。マゼールは、「公演直後で汗をかいているので、シャワーを浴びる時間があるか？」と僕に聞いたくらい喜んでいました。

その後のことです。マゼール公演のスポンサーになってくれていた田崎真珠が、婚約なさった雅子様に黒真珠を送りました。当時、田崎真珠の社長は、業界団体の一般社団法人日本真珠振興会の協会長を務めていて、田崎からというよりも日本真珠振興会からのお祝いだったわけです。といっても田崎の真珠を贈ったわけですが。それでテレビのモーニングワイドショーのレポーターが田崎の社長を直撃して、値段を聞いたわけです。社長は「振興から贈

ったものでお答えできません」と断ったのですが、宮内庁御用達といえばミキモトの真珠でしたから、田崎としても皇室と関係を持ちたかったのです。それで嬉しかったのでしょう。うっかりレポーターの「2億～3億（円）はしたんですね？」という誘導尋問にひっかかってしまって、つい、「そんなに高くありません。5000万円です」と口走ってしまったわけです。

後日、高円宮殿下から僕の携帯に「ちょっと御所においでになれませんか」と電話がかかってきました。御所で殿下とお会いすると、「ああいうのが一番まずいんです」「田崎さんはマゼールのスポンサーですし、そのことを伝えるのは宮崎さんしかいないので、注意していただけませんか」と言われてしまいました。

「わかりました」ということで、僕は田崎の本社がある神戸に急ぎ飛びました。社長は「悪かった。すみません」と平謝りだったのですが、お詫びとして高円宮殿下に「一席もうけますから」と言います。僕は「そういう問題じゃありません」と答えたのですが、社長もすごくて、「うちはマゼールのコンサートに毎年1億円出していますよね。宮崎さん、殿下に伝えてくださいよ」と頼まれてしまいました。仕方がないと、僕は帰京して高円宮殿下に伝えるだけはしました。

すると意外なことに、殿下は「いいですよ」とお答えになったのです。ただし、条件として「マゼールを呼んで囲む会ということにしてほしい」「少人数で絶対表に出ないようにしてください」ということでした。田崎真珠の社長は大喜びです。僕は堤清二代表に電話して、当時、西武が銀座で経営していた「ホテル西洋銀座」の個室を押さえてもらいました。その会のためだけに、マゼールもわざわざ来日してくれました。

当日、マゼールを囲んで、堤代表と田崎真珠の社長夫妻、田崎ジュニア夫妻ほか、高円宮殿下はおひとりでしたが、和気あいあい楽しい会になりました。当時、西洋銀座のソムリエはあの田崎真也氏が務めていて、「私も田崎ですが姻戚ではありません。田崎真珠さんと私は〝田崎真〟までは同じです」と言ってみんなを笑わせていました。

ところが、これで気をよくした田崎真珠のお願いはエスカレートするのです。今度は皇太子殿下と雅子様をお招きしたいというわけですよ。それで僕はまた高円宮殿下に電話して御所にお伺いしました。殿下は「今度は何のお願いですか？　遠慮しなくていいですよ」と言ってくださいました。それで用件をお伝えすると、驚いたことに殿下は内線電話みたいな電話で「浩宮？　今、時間ある？」「ちょっとみえてくれる」とおっしゃっているわけです。殿下は、以前、僕が雅子様とお母さまをマゼールのコンサートにご招待したことも伝えてくれていました。

浩宮殿下の、おみえになるなり「雅子がお世話になっております」というお言葉に、僕は緊張してなんと答えていいかわからなくなりました。用件をお伝えすると、「わかりました。マゼールさんだったら伺います。雅子と伺います」というお返事です。

このときは東京国際フォーラムに入っていた中華料理店でマゼールを囲んで食事をしました。高円宮ご夫妻と皇太子殿下、雅子様、田崎夫妻とジュニア夫妻というメンバーでした。高円宮殿下とのご縁といい、後の皇太子ご夫妻と会食できたことは一生の思い出になりました。

第11章　「トロカデロ」から「グランディーバ」そしてKポップへ

日テレ「木梨憲武」の番組でブレークした「グランディーバ」

トロカデロ・デ・モンテカルロはドル箱でしたから、1996年まで毎年やりました。ところが、その年に大問題が発覚したのです。西武グループからザックコーポレーションについてきた社員が、顧客名簿を持ちだしていました。中国・四国地方では地元のプロモーターがやってくれていたのですが、この社員が大阪のプロモーターにもちかけて、大阪ではザックコーポレーションの手を離れることになってしまったんです。しかも、トロカデロの団長からは、日本で人気が出たのでギャラのアップをしばしば要求されます。しかし彼はせっかく人気が出て来たダンサーをクビにするなどやりたい放題でした。その年、僕は頭にきて、最終的には彼らと縁を切ることにしました。それで、トロカデロを辞めた団員を集めてニューヨークで「グランディーバ・バレエ団」を結成することにしたのです。

公演内容はトロカデロと同じ路線です。しかし日本公演は全然チケットが売れませんでした。頭を抱えました。だけど、このころ、「とんねるず」の木梨憲武氏（ノリさん）が自分の番組でパロディで女装バレリーナを演じていたのを見て、僕は社員を日本テレビに送り込んで番組プロデューサーと談判させました。それで日テレと話をつけて、グランディーバを使ってもらえることになったのです。

そうしたら、視聴者から「あのバレエ団が凄い」という問い合わせが局に殺到したそうです。しかも、日本公演で1回だけ、ノリさんがゲスト出演してくれたことがありました。日テレのアナウンサーが、公演途中で「突然ですが」とアナウンスして、舞台にスポットライトが当たるとそこに女装バレエに扮したノリさんが登場したわけです。これも番組内で放映されて大うけだったのです。それでグランディーバ人気に火が付きました。

これにはとんでもないおまけがつきました。トロカデロを手掛けるマネージメント会社のＩＭＧが、ニューヨークの裁判所に、著作権侵害でうちを訴えてきたんです。この訴訟はたいへんでした。結果、うちは勝訴しました。僕は裁判で主張したのですが、「白鳥の湖」はどこのバレエ団でも使っているし、衣装だって似たようなものですから、取り立ててトロカデロが独占できるものではないという判断が下ったのです。それでひと安心となりました。

結局、グランディーバでは日本公演を10年ほどやりました。ただ、だんだん売れなくなってきたんですね。僕はグランディーバにきたトロカデロの元団長とよく喧嘩したものです。なぜかといえば、その理由はこうです。僕は毎年彼らのギャラを上げてきました。それなのに音響も衣装もそのまま。彼らは録音テープでバレエを踊っていたのですが、著作権料を払いたくないものだから、ソ連製の海賊版のテープを使って舞台で流していました。僕はお客さんから８０００円もチケット代金を取っているのですから、音楽も衣装もキレイにしろと言ったのですが、返事は「ノー」です。

ダンサーは、毎年3分の１は替わります。新しいイケメンが来るから、毎年、彼らが来日すると成田空港に女の子が１００人くらい出迎えに集まってくるほど人気はありました。ところが、団長がいつまで経ってもメインの役を張ります。彼は歳をとって顔はシワシワになり、おまけに踊れなくなってきました。僕は若いイケメンじゃなきゃダメだと言ったのですが、団長は辞めません。だから人気が落ちて来ます。そこにきて、韓流ブームが起こるんですね。若い女性の関心は若いイケメンの韓流スターに移っていったわけです。実は、99年、僕は東京国際フォーラムでKポップの韓流グループの公演を手掛けていました。僕は、韓流ブームでも先駆けだったわけです。それはいずれお話しします。

このころ、他にも「スラヴァ」というベラルーシ出身のカウンターテナーの公演を手掛けました。彼は男なんですが女性みたいな声で歌う美声でもてはやされていました。これもバカ売れです。他に、熊川哲也のバレエ公演や邦楽の東儀秀樹、ヴァイオリンの川井郁子らの初ステージをやったのも僕でした。

マザーズ上場で2000億円の目論見と自社ビルを拡張した絶頂期

99年9月から2001年8月までの2年間、僕はザックコーポレーションで社長をやりながら、早稲田大学大学院のアジア太平洋研究科のMBAコース（経営学修士コース）の授業に通いました。なぜかといえば、会社は順調でしたし、昔、大学受験で早稲田を受験したものの落ちていましたから、この歳になって余裕ができて、どうしても早稲田に行きたくなったのです。昔は税理士になりたいと思って「簿記論」「財務諸表論」の試験に合格して法科系の大学院を修了すれば税法免除で税理士になれましたが、このころ、世間ではMBAが流行っていましたから税理士になるのをやめて、経済系の大学院を選びました。

入学するためには試験があって、記述、小論文、面接をクリアしなければなりません。自分で言うのもなんですが、僕は優秀だったんですよ。2年目には40教科中、39の科目で「優」の成績で、1教科だけ「可」でした。同期は250人いて、100人が中国からの留学生。残りの150人のうち50人が企業から派遣された会社員。彼らは授業料を会社が負担してくれるわけですが、成績が悪いと出世に響きます。だから必死に勉強していました。

僕は50歳を超えたところです。会社は絶好調でした。当時、ザックコーポレーションの社員は20人ほどでしたが、93年に、渋谷区の神宮前に自社ビルを建てていました。20坪の土地に5階建てのビルです。バブルが弾けた後でしたが、土地代に1億4000万円、上物に1億円の合計2億4000万円。土地代はキャッシュで払い、上物ではローンを組みました。同じ時期に、世田谷区の成城に自宅を建てました。土地が60坪で1億5000万円。上物に1億3000万円をかけました。これも土地代はキャッシュで払い、上物はローンでした。何で儲けたかといえば、トロカデロと、田崎真珠の協賛金でのロリン・マゼールの公演。どちらもチケットはバカ売れでした。

業績は良かったです。99年5月決算で10億円の売り上げがあり、経常利益は1億円の黒字というものでした。当時、「週刊東洋経済」で、ベンチャー企業でマザーズ上場予備軍の会社30社という特集記事をやっていて、うちの会社も紹介されました。そのうち黒字を出していたのはうちだけだったのです。このなかには今を時めくIT企業の「サイバーエージェント」も入っていました。参考までに、同社は98年9月決算では1996万円の売り上げに対し経常利益が229万円の赤字。ところが翌年急成長して、99年9月決算で4億5219万円を売り上げました。ただし、経常利益は3572万円の赤字でした。

この当時、僕は有頂天だったんです。うちの会社は資本金2億円で大和証券が主幹事会社。僕が70パーセントの株をもち、あとの30パーセントを大和証券の子会社、三菱銀行、日立マクセル、住友海上火災ほかいくつかの会社が持ってくれていました。当時、ベンチャー企業がマザーズに上場すると、売り出し価格の1・5倍から2倍に跳ね上がり、莫大な創業者利益を得ることができたのです。それで僕の会社の株主が、ザックコーポレーションを200億円とか250億円で売ってほしいと言ってきました。上場したらそれくらいの金が動くというわけです。ちなみに、当時1億円の売り上げで6000万円の赤字を出していたIT企業が、マザーズに上場したら時価総額が200億円になったということがあったくらいです。僕の会社は10億円の売り上げで1億円の黒字を出していました。大和証券の担当者によれば、「上場したらいくらの値がつくかわかりません」「最低でも2000億円はいくでしょう」なんて言うのです。

それで僕は舞い上がった。持ち株比率は70パーセントですから、仮に2000億円付いたら1400億円が転がりこみます。だったら社長を辞めて、株を売って不動産に投資する。家賃収入の利回りが5パーセントとすると、年間で70億円が入ってくる計算です。僕はそのお金でコンサートを招聘したり映画を作ったり、たとえ失敗しても十分余裕があると皮算用をしていたのです。

ただし、マザーズに上場したサイバーエージェントは、1株1500万円で公募して678億円を集めるわけですが、すぐに1490万円と公募価格を下回りました。それからITバブルが弾けたといわれるようになります。そのうち、コンピュータがおかしくなって産業が立ち行かなくなるのではないかという「2000年問題」が持ち上がり、さらには国がマザーズ上場の審査基準を厳しくしたりしました。それまでは新規事業の企画書があれば上場できたのですが、実際に事業を立ち上げて実績が上がっていないと審査を通らなくなってしまったのです。僕は端末でコンサートチケットを販売するシステムを考え、その事業計画を持っていました。いまでこそ、セブン‐イレブンやローソンなどコンビニの端末でチケットを買うのが当たり前になっていますが、すでに僕は25年前に考案していたのです。ところが、事業計画どまりだったから上場できなくなりました。上場して巨額の資金を得るという目論見は夢で終わってしまったのです。

とはいえ、2002年、本社ビルの隣の土地60坪が売りに出て、銀行の薦めで僕はその土地をローンで買い、合計80坪の土地に自社ビルを建て直しました。まだ、絶頂期は続いていました。社員は40人ほどになっていました。5階建てで建坪240平方メートル、5階に社長室と秘書室を作り、1階はテナントとしてイタリアンのレストランに貸しました。

地下にスタジオを作りましたが、当時、歌手の中森明菜やスマップの中居正広君が収録に来たこともあります。近くにビクターエンターテインメントのスタジオがあって、そこが満杯で取れないときにうちのスタジオを使ってくれたわけです。一般にはあまり知られていないかもしれませんが、スマップはメンバー別々に収録して、それを全部つなぎあわせてCDとして売り出していました。中居君が来るときは事前にマネージャーから連絡があり、とにかく秘密にしてくださいとお願いされました。だからうちの社員にも口外しないように、かん口令を敷いていたのですが、ある朝、出社するとビルの前に女の子が50人くらい集まっています。人気絶頂でしたからね。僕は社員に「誰だ、漏らしたのは!」と怒って聞くと、誰もいません。どうやらジャニーズ事務所(現スマイルアップ)側がリークしていたようなんです。まあ、入り待ち、出待ちがいないと収録で歌手のテンションがあがらないということなんでしょう。気分を盛り上げるためにファンを呼んでおいたのではと思いました。

とはいえ、後に神宮前の自社ビルは手放すことになりました。証券会社の薦めで上場する予定だったのですが、自社ビルの所有は「ザックコーポレーション」ではなく僕の個人会社になっていたので、それでは上場審査を通らないというのです。だから他の投資家を集めて別会社を作り、所有はその会社としていました。それが原因で、上場をめぐるトラブルが起こって、僕は手放さざるをえなくなり、自社ビルをその投資家に売ったわけです。

先にも話しましたが、上場する計画も流れてしまった。２０１０年、僕の会社は中野坂上の賃貸ビルに移転することになりました。確かに損はしなかったとはいうものの、今持っていれば相当な資産になっていたと思います。その後、副都心線の駅が最寄りにできましたからね。

映画制作に乗り出す　オダギリジョーの『転々』が大ヒット

「呼び屋」の世界から少し話題が離れますが、98年、僕は「ボディソニック」という当時ジャスダックに上場していた映画製作会社の社外取締役になりました。この会社の横濱豊行社長と知り合い、彼から「映画と音楽は親和性がある。将来、宮崎さんの会社とうちが合併してもいいですよね」と言われ、誘われたわけです。

この会社はホラー映画の『リング』やその続編の『らせん』、『ＧＯ』などを制作していました。横濱社長は根っからの映画好きで、函館の映画祭を支援するなどしていましたが、他にも2社ほど会社を買収、経営しており多忙でした。それもあり2002年に僕は1年だけ社長に就任しました。僕の社長時代に制作していた作品には役所広司主演の『東京原発』、竹内結子の主演デビュー作になった『星に願いを。』がありました。

オメガは出演者に新人を起用します。そのなかには松嶋菜々子、中谷美紀、竹内結子、窪塚洋介などがいて、後に売れた俳優が何人もいました。それで僕は横濱社長に、映画が当たるか当たらないかのリスクを取っているのだから、出演俳優は自分たちで囲ったほうがよいのではないかと提案しました。けれど彼の反応は「マネージメントが難しいのでやらない」と否定的でした。

結局、社長とは経営方針をめぐって考え方が合わず、僕は03年に退社します。そして僕の会社、ザックコーポレーションでも映画制作に乗り出すことにしたのです。大学の後輩で、映像プロダクションの「葵プロモーション」の常務だった大村君がうちの会社に来てくれていました。彼からも「映画を作りましょう」と言われていたのです。

一番当たった映画が、僕が懇意にしていた作家の藤田宜永原作の『転々』（07年公開）でした。人気テレビドラマだった『時効警察』の三木聡監督と俳優のオダギリジョーが再びタッグを組んだ作品です。ストーリーは、借金を抱えた大学生役のオダギリジョーが、借金取り役の三浦友和と都内を散歩しながら転々とするというもの。この作品には吉高由里子も出演していて、彼女はヌードを披露します。僕は撮影現場には行かない主義でしたが、監督から「たまには顔を出してくださいよ」と言われていたので現場に行きました。その日は、たまたま吉高が脱ぐシーンの撮影日だったんです。主人公が実家に顔を出したら彼女が入浴していたというような、たわいない場面だったんですがね。

この映画は大ヒットしました。当時のビジネスモデルは、映画館での公開と、その後のDVD化が収益の柱でした。当たりそうな映画だと、ビデオ会社がミニマムギャランティとしてお金を前払いしてくれます。たとえば制作費に1億円かかるとして、そのうちの5000万円を保証してくれるというような感じです。映画は、映画館と配給会社が儲かるような仕組みになっていて、制作費を負担する制作会社はほとんど儲からない。だからミニマムギャランティを出してくれるのは大変ありがたいわけです。もちろん、それ以上にDVDが売れれば、制作サイドにはさらにお金が入ります。配給会社の東宝、松竹、東映などは直営館を持っていますし、宣伝費も大量に投入できます。なぜなら興行収入（チケット代の売り上げ）の5割が配給会社直営館の取り分になっているからです。さらに配給手数料として1割を持っていきます。近年、大手の配給会社は地方の興行主を切り捨てて直営館方式のシネコンが増えていますが、映画が当たれば儲けは大きくなります。

とはいえ、正直、映画制作はそれほど儲かる仕事ではありません。制作費を負担するわれわれは、製作委員会を作って何社かスポンサーを募ります。委員会の中にはテレビ局や配給会社、広告大手の電通などが入ったりしますが、テレビ局はCMで映画の宣伝をスポットで流すと、その分の料金を製作委員会に請求してきますし、仲介した電通は番組スポンサーから10パーセントの手数料を取っていきます。われわれのような制作会社は細々とやっていくしかありません。

当たるか当たらないか、儲けようと思ったら大手の配給会社に頼らず独立系の単館上映でやるしかない。それで『転々』は単館上映で勝負しましたが、配役がよかったので大ヒットしました。ザックコーポレーションの社員で、かつて『長崎ぶらぶら節』や『陰陽師』を当てたプロデューサーの林哲次君というのがいまして、彼をプロデューサーに起用したのが成功しました。DVDの売り上げも好調で、再プレスとなりミニマムギャランティを超える金額が入ってきました。製作委員会はうちを含め4社で作りましたが、興行収入のうち制作費を引いた金額の半分を上映館に、1割を配給会社に、残りの4割を製作委員会の会社で均等に分けました。1社あたり2000万円くらいの配当になったかと思います。大ヒットした割には、あんまり儲からない仕事ですよね。

85年のフェスティバルで招聘したロックグループの「フォリナー」ですが、僕の会社で作った映画『M』（07年公開）で彼らの曲を使いたいと思いました。原作が馳星周の小説で、廣木隆一監督、主演が高良健吾の作品でしたが、このころにはフォリナーも売れなくなっていました。それで使用許可を求めたところ、ノーギャラでいいとのことでした。この作品は東京国際映画祭で上映され、僕はタキシードを着て監督らとレッドカーペットを歩きました。

とはいえ僕は、これからは製作委員会方式で作るべきではないな、リスクはあるけれども単独で製作したほうがよいのではないかと考えました。フィルムではなくデジタル技術が進んだおかげで、制作費はかつての10分の1に下がっているんですから。さらには配信で流す方式も一般的になってきました。ですが、『転々』以降、6〜7本作りましたけど、あまり売れませんでしたね。

中丸三千繪との因縁

「呼び屋」の仕事では、このころ、やることなすこと全部当たっていました。中丸三千繪というソプラノ歌手の公演も手掛け、オーチャードホールに２１００人を入れました。チケット代金は８０００円でした。彼女への１回のギャラは１５０万円。他に、ピアニストに50万円。会場費が２００万円で、照明音響等の経費は３５０万円。３日間公演でソールドアウトになって、１回の公演で約１０００万円儲かりました。

彼女が有名になったのは90年にオペラの最高峰といわれる「マリア・カラス国際声楽コンクール」で優勝したことがきっかけでした。彼女が僕の会社ザックコーポレーションの所属になったのはそのあとですが、きっかけは彼女がレコードを出している会社の東芝ＥＭＩから頼まれたからでした。彼女は茨城県の出身で、レコード会社から「宮崎さんの後輩でしょ」とお願いされたわけです。というのも、彼女にはトラブルがついてまわりました。たとえば、日本航空がスポンサーになった奈良と京都でのコンサートで、出演者はＮＨＫ交響楽団のコンサートマスターだったヴァイオリニストの徳永二男とショパン国際ピアノコンクールで優勝したピアニストのスタニスラフ・ブーニン、それに彼女の3人でした。人気からいったらブーニンがダントツで、演奏する順番としては最初が中丸で次が徳永氏、トリがブーニンとなります。ところがこれに中丸のマネージャーがクレームをつけて、彼女をトリにしろと主張するのです。ブーニンが怒るわけです。開演まで揉めていて、それでN響の徳永氏が「話し合って決めてくださいよ」と言い残して、サッサと舞台に上がって演奏し始めました。仕方がないとばかりに、主催者が中丸に土下座してブーニンをトリにしてもらったというわけです。

他にもあります。元NHKのプロデューサーが中丸に入れ込んでいて、彼女をニューヨークのメトロポリタン歌劇場で歌わせると意気込んで彼女の公演を撮影し、TBSに持ち込みました。その際、大阪のフェスティバルホールで行われた国際音楽祭での中丸の演奏を撮影するためにテレビカメラを5台入れました。伴奏は有名なオーケストラが入っていたのですが、ここで揉めます。要するに、中丸を撮影するのに伴奏のオーケストラの許可を取っておらず、映像権の契約をしていなかったので撮影はダメだとクレームがついたわけです。だったら中丸だけ撮って、オーケストラは撮影しないと主張したものの、音はどうするんだ、カメラが引っ込まなければ演奏しないとなりました。それで中丸はトラブルメーカーという烙印を押され、フェスティバルホールは出禁になってしまったのです。そんなこんなで、頭を抱えて困っていた東芝ＥＭＩがうちに中丸のマネージメントを頼みに来たというわけです。

その件で、中丸の担当者から「彼女は帝国ホテルに泊まっているので、○月○日の昼にホテルのロビーに来てください」と言われました。ところが、待ち合わせのその日、担当者が何度電話しても中丸が出ません。そうこうするうち、僕らの目の前を、裸足で走り抜けた女性がいます。驚いて見ていた僕に、担当者が「彼女が中丸です」というのです。仕方がないから後日に改めましょうということになりました。

前にも触れましたが、彼女は95年に加藤和彦と結婚します。僕は、彼女がコンサートに加藤を招待していたのは知っていたのですが、つき合っていたことを全然知りませんでした。所属タレントのプライバシーには干渉しない主義でしたので。それである日、彼女から東芝ＥＭＩで婚約発表の記者会見をするという連絡が入ります。そして所属事務所の社長なんだから記者会見に同席すべきだというわけです。仕方がないから僕はしぶしぶ行くことにしました。彼女からは冗談で「焼きもち、焼いてるの？」なんて言われました。そして5年後に離婚します。彼女は、うちの事務所の若い社員に荷物を取りに行かせました。六本木の、地下にスタジオのある一軒家に加藤と中丸は住んでいました。荷物を積み終えて、社員が彼女に電話をすると、「表札をはがしてきて」と言われます。加藤と中丸の表札が並んでいて、社員からは切なくて泣きながらはがしたという話を聞きました。そして数年後に加藤和彦は軽井沢のホテルで自殺してしまいます。

彼女にとって、僕の事務所の所属となった魅力は、僕がロリン・マゼールと親しく、彼の日本でのコンサートを手掛けていたことでした。僕は10年ほど彼女と仕事をしましたが、日本でベートーヴェンの「第九」の演奏会をやったとき、彼女だけ海外公演をやっていてリハーサルまでに帰ってこなかったことがありました。共演者で、当時、日本を代表するテノール歌手だった市原多朗は激怒していました。誰か他のソプラノ歌手に差し替えたほうが良いのではないかと思いましたが、マネージャーはマゼールさんがOKしているのでダメだといいます。結局、公演前日に帰国してきて、リハーサルなしでいきなり本番でした。

いろいろとありましたが、うちの会社は彼女の国内の演奏会だけマネージメントしていたのに、もの凄く儲かりました。最盛期には、年間10公演をやりました。1回のギャラが150万円。日本人では破格の金額です。それでも2000人規模のホールで観客ひとり1万円のチケットが完売します。会場費が200万円で、伴奏のピアニストのギャラが50万円。中丸の150万円を入れても400万円で演奏会ができますから。もっとも同じ日本人アーティストでも、ヴァイオリンの五嶋みどりや諏訪内晶子は別格です。彼女たちは海外の事務所に所属していてギャラが高かったですね。日本の事務所は海外の下請けとしてやっていました。その点、中丸は日本では売れましたが、海外ではそれほどでもありませんでした。ただ、会社への貢献度は大でした。

ショパンコンクールで大揉め　ピアニスト中村紘子との因縁

水戸時代にヴァイオリン奏者の海野義雄、チェロの堤剛、ピアニストの中村紘子を呼んでクラシックコンサートを手掛けた話をしたと思います。実は、このとき中村紘子さんと険悪な雰囲気になる一件があったのです。公演当日、入口で僕は「中村紘子のいとこです」と名乗るお客さんと揉めていました。その人とお連れの計3人のタダ券をよこせというわけです。演奏者の親族を騙《かた》るお客が来ることはしょっちゅうあることです。偽者だからと、かたくお断りするわけです。通常、演奏者には事前に何枚かチケットをお渡しします。中村さんとの契約書にも、無料招待券は何枚と明記しています。すでに中村さんはその枠を使っていて、さらには堤さんは「水戸には知り合いがいないからあげますよ」ということで、自分の分を中村さんに譲っていました。だからいとこを名乗るお客さんに、無料招待枠はないと説明したのですが、あくまでいとこと言い張る。仕方がないので僕は、「とりあえずチケットを買ってください。いとことの確認ができたらあとでお金はお返しします」と言って、チケット代を払ってもらったのです。

ところが、実は、その方は本当にいとこで、そういう経緯があったことをインターミッション（途中休憩）のときに中村さんに告げ口するわけですよ。公演が再開される前に僕は中村さんに呼びつけられ、「いとこに買わせるとはどういうこと？」と聞かれたのです。僕は「でも、招待枠は全部使っていらっしゃるので」と答えると、いとこのほうが「水戸の公演はいつもこうだから」と怒っています。

僕は「いつも揉めるんですか？　でも私が主催するのは今日が初めてです」というやりとりがあり、中村さんも怒りはじめ、「もう、第二部はやりません！」と言い出す始末です。見かねた海野さんが「まあ、そう言わず。ひろこちゃんやろうよ」と取りなしてくれて、なんとか後半も無事終えることができました。

それで中村さんは日帰りだったのですが、電車までの時間があまりありませんでした。外で食べる時間もなかったのですが、中村さんは「カレーが食べたい」と言います。仕方ないから僕は自宅に電話して、妻にカレーを作ってくれと頼みました。妻はスーパーもう閉まっているので「無理！」とかムクれていましたが、近所にできたばかりのコンビニでハウスのカレーを買って作り持ってきてくれました。終演後、「どうぞ」と言って食べていただきましたが、中村さんは「こんなまずいカレー、人生で初めて食べた」なんて悪態をつくのです。僕もいよいよ頭にきて、「これはハウスのカレーです！」と皮肉った。当時、彼女はハウス食品のカレーのＣＭに出ていたのです。それで彼女はまた怒り出して、「あなたの車では帰りたくない。ハイヤーを出して！」と言うので、僕も「私も送りたくありません！」とやり返したのです。

海野さんと堤さんは「腹が立つのもわかるけどさあ」と呆れて見ていました。その翌日、彼女の旦那さんの作家から、電話で長時間にわたるお説教を食らったのでした。

中村紘子さんとはそれっきりだったのですが、それから年月が過ぎ、05年のことです。ピアノのコンクールのなかでも、ポーランドのワルシャワで5年に1度開催されるショパン国際ピアノコンクールは日本で一番よく知られているかと思います。スポンサーは「日立マクセル」でした。この会社はザックコーポレーションの株主でもあります。それである日、日立マクセルの社長秘書から電話があり、社長とのランチに誘われました。「なんか頼み事があるな」と嫌な予感がしたわけですが、とにかく行きました。同社は毎回、ショパンコンクールに1億円を出してくれています。社長が言うには、「日立本社から宣伝費を半分に削れと言われた。ついては宮崎さんの会社で半分の5000万円を出してもらえないだろうか」と。仕方ないから受けることにしました。ずいぶん高い饅重になったわけです。

それで僕は、ショパンコンクールの事務局代理人のT氏に条件を出しました。彼の会社はクラシックの「呼び屋」をやっていて、あのブーニンを手掛けていました。僕は言いました。「コンサート会社がスポンサーをやっても仕方がないが、お金を出すメリットは何か考えた。コンクールの1位から6位までのアーティストの、日本での窓口になる窓口化権をうちに与えてくれるなら出資を引き受けます」と。事務局代理人のY氏は現地に問い合わせて、「ワルシャワはおおむねOKです」と言ってきました。T氏は「間違いなく5000万円出してくれますね？」と念を押してきたので、僕は「出しますよ」と答えて交渉は成立したのです。

ところがその後、中村紘子さんが全国紙に署名記事を出しました。おおむね、「日本人が若い世界の才能を、札束でぶん殴る。ロリン・マゼールの代理人をやっていた男だ」と僕のことを批判する内容でした。これが全部、翻訳されてワルシャワの新聞各紙に転載されたのです。コンクールを観に僕が現地入りしたころには、僕は有名人になっていました。ホテルで事務局の人間に、開口一番、「申し訳ありませんが、お約束は実行できません」と言われます。「審査委員長が反対しています」というわけです。僕は「誰?」と聞きました。「中村紘子さんです」という答えでした。

コンクールはポーランドの国立の劇場で開催されます。1ヵ月かけてそれぞれがピアノを独奏し、本選に出場できたピアニストだけ、バックにオーケストラがついて協奏曲を弾きます。国立だからそれほどお金がかかるとは思えません。それで僕は事務局の人間に「なんでそんなにお金がかかるんですか?」と聞きました。答えは、審査委員長をつとめる中村紘子さんのギャラと往復の交通費、1ヵ月にわたる宿泊代や食事代なのだそうです。いやはやなんとも開いた口がふさがりませんでした。

結局、うちの会社が窓口になる話は流れました。とはいえ、コンクールで日本人の盲目のピアニストを見つけました。彼のお母さんがまた感じのいい人でした。僕は、「これはいける。この子をやりたい!」と直感しました。それで事務局に言って、僕の会社から彼に特別賞として100万円を出すことにしたのです。事務局代理人のT氏とY氏は「あの子はダメです。予選で落ちます」と必死で止めます。それで僕はお母さんに、練習風景や予選の様子を映像で撮らせてほしいと頼んだわけです。お母さんからは逆に是非やってくださいと快諾していただきました。日本からテレビ局のクルーが来ていたので、撮影を頼みました。

彼はコンクールでは予選落ちでしたが、僕は帰国して妻に、「盲目のピアニストの映像を取った」と報告しました。ところが彼女から、「バカ。なんで契約しなかったの！」と怒られてしまいました。彼女が言うには、なんでもその前日、フジテレビがこの盲目のピアニストを取り上げげて紹介していたそうで、先にやられてしまったわけです。彼は4年後、米国のヴァン・クライバーン国際ピアノコンクールで優勝し、一躍、脚光を浴びるようになる。いまでは有名人ですよ。彼の名前は、辻井《つじい》伸行《のぶゆき》君でした。

その後、T氏から連絡があり、「ビクターがあのときに撮影した動画をDVDにしたがっているので、いいですね？」と言うので、「ビクターさんを寄こしてください」と返事をしたら、「私が契約しました」というわけです。うちが契約し損なった失敗談でした。

Kポップを手掛ける

2000年のころ、早稲田大学大学院のMBAコースでは日本公認会計士協会の会長も務めていた教授に教わっていましたが、僕はこの教授にザックコーポレーションの社外取締役就任をお願いしました。その教授から、韓国から留学に来ている女の子をインターンで面倒見てくれないかと頼まれました。なかなかの美人でした。その彼女から、韓国で売れているグループがある、日本でやったら売れますよと教えられたんです。

「神話《シンファ》」という6人組の男性グループで、驚いたことに彼らはバンドなしに踊って歌うのです。全部カラオケテープで歌うんですよ。これだと金はかかりません。僕は彼女に「ホントに売れんの?」と半信半疑だったのですが、会社は儲かっていたし、経費もそんなにかかりませんから、損してもいいやと思ってやることにしました。最初は渋谷公会堂で2000人くらいのキャパだったでしょうか、これが驚いたことに売れたんです。

翌年、今度は東京国際フォーラムで2回公演を行いました。1回5000人で、2日で1万人でしたが、これも完売しました。この時、会場にファンクラブ募集のデスクを出している人がいました。電通の子会社の電通ミュージック・アンド・エンタテインメントの人間だったのですが、ホールは僕が借りていますから、「権利は僕にあるので、勝手にやらないでくれ」と抗議しました。ところが、先方は「神話」のマネージメント会社の許可を取っていると言うのです。だから本人(神話)と話してくれと言われました。それで僕は、彼らにこれは日本の決まりでダメなんだと伝えました。

こののち、「神話」は日本での公演のマネージメント契約をジャニーズ事務所と結びました。僕は、彼らはジャニーズに「飼い殺し」にされると思いました。契約はしましたがジャニーズは彼らの日本での公演なんて本気でやる気はありません。自分のところのタレントと競争相手になるわけですから。案の定、彼らは日本ではなんの活動もできなかったのです。ファンクラブからは抗議が来て、電通ミュージックはファンクラブの会費を払い戻しする羽目になりました。

僕のほうは「神話」をやったおかげで、うちの会社に韓国のアーティストからオファーが来るようになりました。うちで担当した社員はまじめな男で、委託方式で先方と契約しました。リスクを取って会社に迷惑をかけてはいけないと思ったんでしょう。この方式は、マネージメント料とかかった経費分だけもらいます。リスクを取らないからチケットが売れなくても損しないのですが、売れたら呼んだイベント会社に儲けを持っていかれますから、それほど旨味はないわけです。その委託方式で手掛けたのが若い女の子4人組の「KARA」でした。KARAは2007年に結成されたアイドルグループ。やがて日本でのKポップブームの火付け役になりました。

最初のうちは、うちが韓流アーティストをいくつも手掛けていましたが、そのうちリスクを取る会社にもっていかれてしまいました。韓流は、代理人と称する人物がいっぱい出てくるので、誰が正式のルートなんだかよくわからないのです。僕は担当者にリスクを取ってやってくださいと言ったのですが、その時にはもう遅かったんです。

僕はそれほど韓流に興味はありませんでした。彼ら彼女らは振り付けされたダンスをカラオケで歌って踊ります。音楽イベントをやってきた人間から言わせていただくと、許せなかったのです。やはりコンサートはバンドがないと聴いていて楽しくないからです。

しかし、韓流がブームになってくると、グランディーバのファンはそちらへ移っていきました。グランディーバもイケメン男性でやってきましたが、韓流の男性グループは若くて、逞しくて、かっこいい。ファンが韓流に流れて行ったのです。向こうのマネージメント会社は、彼らに必ず日本語を学ばせます。

なぜか？　韓国のマーケットは4000万人しかいませんが、日本は1億2000万人です。その合計1億6000万人を相手にビジネスをするのです。日本語が話せ、踊りと歌がうまく、そのうえ優しい。彼らはつたない日本語で優しい言葉を話すんです。どうしてかというと、彼らに日本語を教えるのは日本女性です。女性は「この野郎」とか「バカ野郎」みたいな汚い言葉を話しませんから。だから彼らも優しい日本語でしゃべります。筋骨隆々でその上優しい。これは日本女性に受けます。

第12章

韓流ブームで「ＪＹＪ」を呼ぶ

「東方神起」解散の内幕

２００９年から10年にかけての話です。いまでもＪポップを手掛け、隆盛を極めているＡ社という会社があります。社長は凄腕として知られるＭ氏。このＡ社が、韓国でイベントを手掛ける上場会社の「ＳＭエンターテインメント」と資本提携して株を持ち合いました。Ａ社も日本で上場しているので、その株をいくらかＳＭが持ち、Ａ社は韓国でＳＭの株をいくらか持つことになったのです。

ＳＭは「東方神起」という5人の超人気イケメン男性のグループを抱えていました。日本での公演はＡ社が手掛けます。ところが、この東方神起が、3人と2人に分裂するわけです。3人は、ＳＭとの契約は奴隷契約だと訴えるのです。狭い部屋に5人閉じ込められて、朝から晩まで働かされる過密スケジュールで、これはおかしいと目覚めたわけです。

しかし、経営者の立場でいうとこれは当たり前のことなんです。タレントに投資をしても全部が当たるわけではありません。10のうち2つ当たっても、あとの8は失敗します。だけど2つ当たれば元が取れるのです。だからその儲けで失敗分を補填する。それでタレントを抱えるマネージメント会社は成り立っているわけです。

ところが、成功した東方神起の3人にしてみれば、「俺たちの稼ぎが消えている」という不満が出ます。それがアーティスト側の立場での言い分となります。たとえれば、投資家がいくつもの企業に投資し、成功した会社の利益で赤字会社の損失を補填しても、会社は組織だから文句はいわないとしても、タレントは個人で、人間だから上前を撥ねられたら不満が出るのも当然でしょうね。それで3人が東方神起を脱退しました。

東方神起には2人だけが残った。だけどここからがM社長の凄いところで、残った2人を育てるわけです。それがユンホとチャンミンでした。この2人の人気はやがて沸騰していきます。

脱退した3人はどうしたか。ジェジュン、ユチョン、ジュンスは、SMを相手に裁判を起こし、判決では3人の主張を認めて彼らに軍配を上げました。判決には彼らのテレビ出演などの活動を妨害したら罰金を支払うことという内容までついていました。彼らは別のマネージメント会社に移り、自分たちの名前の頭文字を取って「JYJ」というグループ名で活動を再開したわけです。

そこから先は、いかにも韓国のビジネスだと思いますね。SMは、罰金を払ってでも韓国のテレビ局に圧力をかけてＪＹＪの活動を妨害しました。ＳＭはほかにも人気タレントを抱えていますから、韓国のテレビ局は言うことを聞かざるを得ません。結果、彼らは母国のテレビ局から干されてしまうわけです。そこでＭ社長はめざとく３人に声をかけ、「うちのタレントにならないか」と誘ったのです。しかし彼らは、ＳＭを辞めたときに拾ってくれた会社に恩義があると言って断りました。それでＭ氏は３人を諦め、ユンホとチャンミンを育てることにしたわけです。

「ＪＹＪ」会場変更のドタバタ劇

２０１１年、そういう経緯があった後、電通ミュージック・アンド・エンタテインメントがＪＹＪの日本での公演をザックコーポレーションでやらないかと声を掛けてきました。うちは以前に韓流タレントを扱った実績があるからです。そして、なんでも日本でチャリティ・コンサートをやりたいというのです。その年の３・11に東日本大震災が起こりました。それで彼らは、ギャラはタダでいいから利益の一部を寄付したいといいます。そこで僕は６月７日のさいたまスーパーアリーナを押さえました。どうして埼玉なのかというと、東日本大震災があったとき、埼玉県はさいたまスーパーアリーナの公演をキャンセルして避難者を受け入れて、莫大な損害を出したわけです。僕はなんとかそれを少しでも助けてあげようと思いました。

さいたまスーパーアリーナは1万8000人の収容人数で昼夜2公演ができます。チケット代金は1万円ですから、うちの利益を取っても1億円は寄付できます。さいたまスーパーアリーナは、県のほかいくつかの企業が出資する第3セクターが運営しています。僕は、埼玉県の上田清司《うえだきよし》知事に電話をしました。当時、早稲田の大学院を卒業した有名人の名前を載せたサイトがあって、年齢の若い順に上田清司、僕の名前の宮崎恭一、次に小田和正と出ていました。僕は県庁の知事室に電話して「早稲田大学院の後輩の宮崎です」と名乗りました。以前に、僕が早稲田大学院のMBAコースに通った話はしましたよね。それで上田知事に1億円寄付しますと言ったんです。

上田知事はおおいに乗り気でした。コンサートに出席するから、1億円の小切手を模した特大パネルを作って、壇上でJYJのメンバーから受け取りたいと言います。知事選挙が近かったんですよ。それで6月7日のコンサートが決まりました。ところが、ここからとんでもない横やりが入ったのです。A社から、「3人の日本での公演の権利はA社が持っている。だから、コンサートはまかりならん」と言うわけです。3人の韓国の所属事務所の社長は、「A社に権利はない」と主張する裁判を起こしたいので日本の弁護士を紹介してほしい、と依頼してきました。なので、僕の知り合いの弁護士を紹介しました。その弁護士は絶対に勝てると言っていました。結果、この裁判に3人は勝つわけですが、それは後の話です。

僕は、チケットを売り出そうとしましたが、A社の圧力があったのか、ぴあ、ローソン、イープラスなど、チケット会社がどこも取り扱ってくれませんでした。そのうえ、A社はさいたまスーパーアリーナにも猛烈に抗議したのです。だから僕は自前で売りました。うちの娘が、にわかづくりのサイトを作って、昼夜の公演で1万枚ずつ、合計2万枚のチケットを売ったわけです。

そうこうするうち、僕はさいたまスーパーアリーナに呼び出されました。A社からの抗議があって、会場の使用は許可できませんと断られてしまったわけです。おまけに、会場費のキャンセル料を払え、ザックコーポレーションの不法行為が原因でキャンセルになったのだから、うちに責任があるとまで言われたわけです。それで会場を押さえた着手金の1000万円だったか2000万円はキャンセル料として没収されてしまったんです。

それはともかく、話を会場探しに戻せば、僕とは小中高の同級生だった友人の中川君が、助け舟を出してくれました。彼は地元の水戸で料理学校を経営していて、茨城県の橋本昌《はしもとまさる》県知事のブレーンもやっていた地元では有名人です。彼から提案されたのは、サッカーの鹿島アントラーズの本拠地である鹿嶋市内のサッカー場、カシマサッカースタジアムです。それで見に行きました。条件は、天然芝なのでコンサートをやると芝が傷む、養生して元に戻して返さなければならないというものです。それには費用がかかります。さらに野外なので雨が降ったらどうするか、中止のリスクもある、これではできないと判断し、茨城県で開催することは諦めざるをえませんでした。

カシマサッカースタジアムを見に行った帰り道、どうしていいかボーッとして車を運転していて、高速道路を間違えて、湾岸線のはずが京葉道に入っていました。そのまま走っていたら、高速道路の高架から、両国の国技館の屋根が見えたのです。「そうだ、新国技館のオープニングのコンサートをやったのは俺だ！」と思い出したのです。前にも話しましたが、1985年に完成した国技館のこけら落としで、僕はヘビー・メタルのロックバンドの公演を手掛けていました。それで錦糸町で高速道路を降りて、国技館に向かいました。

幸運なことに、当時の担当者がまだいました。6月7日は空いていますかと尋ねると、

「ファッション会社の展示会が入っているけど動かせる。コンサートだったらいいよ」という答えが返ってきました。これほど安堵したことはなく、生涯忘れられません。国技館のキャパは1万人ですから、ラッキーなことに売った枚数と同じ、昼夜2回公演が打てます。お客さんは大喜びでした。なぜなら、国技館の土俵のあたりにセンターステージを設け、客席はステージを360度囲むかたちで設けてありますから、ファンはどの席からも真下に見下ろすことができ、しかもさいたまスーパーアリーナより真近でアーティストを見ることができるのです。「ポップ」と業界ではいいますが、地下に出演者は隠れていて、コンサートのスタートと同時に「パーン」と下からステージに飛び出す仕掛けになっています。その瞬間、ファンは大歓声の「キャー!」ですよ。昼夜2回のステージは大盛況のうちに幕を閉じたのでした。

しかしそこはさすがに商魂たくましい韓国人でした。JYJのギャラはタダでしたが、金髪外国人女性のバックダンサー6人のギャラを要求してきました。それがなんと20万ドルふっかけてきたのです。スティングの武道館のギャラが1回20万ドルでした。僕は怒りましたが、結局は払うことになりました。そして1億円は無理でしたが、福島県の南相馬市に2000万円を寄付しました。市役所もホームページでザックコーポレーションから寄付があったことを掲載してくれました。想定よりは儲からなかったとはいえ、まあ、無事終わったので良かったといったところでした。

「JYJ」2回目の公演で韓流アーティストにはもう懲りた

6月のコンサート後、再び茨城県知事のブレーンだった友人の中川君からチャリティ公演の依頼を受けました。彼が言うには、「宮崎さん、皆さん、東日本大震災で福島県や宮城県が被災したというけれど、茨城県も、北茨城、高萩、大洗、那珂湊などで大変な被害を受けているんです。だけど全然、報道されないから忘れられている」と。確かに、茨城県は47都道府県のうち唯一民放局のない県です。あるのはＮＨＫの水戸放送局だけで、ＮＨＫが流す以外、民放は茨城の被害をあまり取り上げていませんでした。そこで知事から「県民を勇気づけるコンサートをやってください」と頼まれたわけです。

会場は国営ひたち海浜公園で、10月にやることが決まりました。一日4万人の収容で2日間の公演、売り上げから２０００万円を茨城県に寄付することになります。ところがここから大問題が起こったのです。公園は国営で国土交通省の管轄というので、公園事務所の所長に会いに行ったところ、彼は国交省からの天下りです。この公園では、毎年ひと晩中、ロックフェスティバルをやっています。ところが着任したての所長は方針を変えるというのです。まず、これまで会場警備は学生バイトがやっていたのですが、ガードマンを雇ってほしいという。次に、公園の閉園が午後5時だから、外から見えないようにコンサート会場を白い布で囲ってほしい、そして一人でも野宿するようなことがあったら次の日のコンサートは中止というわけです。

結局、その条件を呑まざるを得ませんでした。専門のガードマンを雇ったら3倍の経費がかかりました。4万人収容だからそれなりの数が必要なので、おかげでその2日間は茨城県中からガードマンがいなくなりました。会場を外から見えないように白い布で囲いましたが、それだけで2000万円はかかりました。野宿は禁止だから、県内のホテル、民宿は全部満杯になりました。さらに問題なのは交通の便でした。公園最寄りの駅は特急の停車駅ではないので各駅停車で行くしかありません。だからバス会社に頼み込んで、つくば駅や取手駅、水戸駅からシャトルバスを出してもらいました。

公園事務所からの要望で、仮設トイレをたくさん置きました。おまけに、会場を設営するのに日本で2番目に大きい設営会社に頼んでおいたのですが、圧力がかかったのか「やれない」と言ってキャンセルされてしまったのです。野外コンサートを単独で設営できる会社は限られています。結局、ある会社に頼んだものの、下請け、孫請けの業者を集めて設営にかかり、経費が倍の1億円はかかってしまいました。なので、2日間8万人のチケットは完売でしたが、利益はどんどん吹っ飛んでいくわけです。

おまけにJYJのマネージメント会社と打ち合わせ段階から揉めていました。彼らは、契約交渉は韓国語でやるといいます。僕は英語ならなんとかわかるけど、僕がいつも使っている英語の通訳も韓国語はさっぱりわかりません。英語でやってくれと伝えましたが、相手も譲らない。仕方なく事務所が手配した、日本語のわかる韓国人通訳を介して交渉が行われました。JYJはバンドなしで、照明を使ったショーをやります。だから公演は日没後となるけれど、公園側は午後4時開演を要求してきました。コンサートの終わりが遅くなると、電車がなくなって帰れない人が出てくるからです。JYJ側は、同じタイムゾーンでも一番東側の茨城県（日本）とソウル（韓国）には実質一時間の時差があり、ソウルの4時はまだ明るいから、4時開演なんてできないと反対します。会場は日本だから10月の午後4時はすでに暗くなっていると説明しても、彼らは信じません。すったもんだの末に、折衷案で4時半の開演となりました。

一番驚いたのは、彼らは曲目も用意していなかったことです。6月7日の両国国技館での公演のときには、連中は20人のスタッフを連れてきたのですが、ほとんど何もせず、日本人スタッフが動き回りました。だから今回はタレント本人とマネージャー、ディレクターだけの最小限で来てくれと伝えてありました。ところが事務所の用意した通訳は、コンサートの曲の構成、演出を日本側がすべてやると通訳したのか、彼らはショーの構成も曲目も、日本側がやると思い込んで、何にも考えていなかったわけです。彼らは新譜を出しているから、公演では新譜から何曲か入れ、あとは過去のヒット曲を入れて構成すればいいのですが、結局、全部僕が、ＪＹＪのファンを集めて、何が聴きたいかリサーチして内容を決めました。

こうしたトラブル処理で、僕は何度も東京とソウルを往復するわけです。コンサートは無事に終わってよかったものの、ほとんど儲けなんてありませんでした。おまけに、茨城県に2000万円を寄付したにもかかわらず、県のホームページにそのことを書いてくれなかったから、ファンから「宮崎は寄付しなかった」とネット上で騒がれてしまいました。とどめは、会場でペンライトやTシャツなど関連グッズを売るわけですが、彼らは安いコストであげるために中国製を発注したのです。僕は反対でしたが、案の定、売ったはいいけど3割が不良品で、クレームがうちの会社に来ました。仕方なく、うちが弁済することになったんです。その後、ＪＹＪとの関係はどうなったか。僕は、もう二度とやらないと思ったたし、彼らもドライでした。他からいいオファーがあったからと言って、うちの手から離れて行ったわけですよ。

第13章

超一流テノール「カウフマン」「グリゴーロ」「フローレス」を呼ぶ

ヨナス・カウフマンは、ドイツ出身のテノール歌手。2006年メトロポリタン歌劇場での「椿姫」で注目を集め、以後、国際的に活躍する。ヴィットリオ・グリゴーロは、イタリア出身のテノール歌手。23歳のときに史上最年少でスカラ座デビュー。ファン・ディエゴ・フローレスはペルー出身のテノール歌手。20歳からオペラを本格的に学び、1996年プロデビュー。

「売れる！」と直感したカウフマン

そんなすったもんだがあり、12年に会社を畳むことになりました。JYJ公演でずいぶん金がかかり、右翼の妨害もあって会社が立ち行かなくなったのです。それで「ザックコーポレーション」を閉じて、知人と一緒に別会社を経営することになったのですが、それも空中分解してしまい、結局、僕個人で自宅マンションを事務所にして「アーチ・エンタテインメント」という会社を立ち上げることにしました。

そのころに、ロリン・マゼールから携帯電話に「大変なことになったと聞いたが……」とかかってきました。それでメールで事情を説明すると、「それならヨナス・カウフマンを紹介する」ということになったのです。

実は、カウフマンは11年に日本に4回来日する予定になっていたのですが、東日本大震災ですべてキャンセルになっていました。彼の奥さんがチェルノブイリ原発に近い町の出身で、爆発事故がトラウマになっていて、それで福島第一原子力発電所の事故を理由に、来日がダメになったと聞きました。カウフマンはミュンヘンに住んでいました。僕はマゼールからミュンヘンに来ないかと誘われ、行きました。当時、すでにカウフマンは超一流のテノール歌手でした。僕はクラシックを扱ってはいましたが、オペラにはそれほどくわしくなくて、彼の名前も知らなかったのですが、なるほど写真を見るとドイツ人のカウフマンはかっこいい。これは「売れる！」と直感しました。

カウフマンとはミュンヘンのレストランで会いました。マゼールがミュンヘン・フィルハーモニー管弦楽団の指揮者をしていたので、レストランの予約をしてくれました。通訳を入れて3人で会食しました。マゼールはカウフマンに「ザック（宮崎）は自分が非常に落ち込んでいたときに10年間サポートしてくれた。不幸にも彼の会社はなくなったが、再出発するためにも日本に行ってくれないか」と頼んでくれていたのです。マゼールはウィーン・フィル、ベルリン・フィル、ニューヨーク・フィル、それぞれの交響楽団の指揮者を務め、当時、世界一の指揮者でしたからね。余談ですが、実はマゼールは、アメリカの大統領に頼まれて、北朝鮮にニューヨーク・フィルを連れていって指揮したこともあるのです。それくらいマゼールはアメリカを代表する指揮者でもあったわけです。この時、金正日総書記は、マゼールが偉大な指揮者と知らず、コンサートには出てこなかったらしいのですが。

カウフマンは「マゼールさんのマネージメントを10年間もした方なので、日本に行きます」と即答してくれました。僕らは意気投合しました。僕は会場を取ってきちんと正式なオファーを出すので、「エージェントはどこですか?」と彼に聞きました。ニューヨークの会社だというので、マゼールから「ザック、このままニューヨークに行きなさい」と言われ、ニューヨークに立ち寄って条件を詰め、帰国しました。２０１５年のリサイタル公演で、会場は東京・赤坂のサントリーホールと川崎市のミューザ川崎シンフォニーホール、大阪のフェスティバルホールを押さえ、３公演。彼はピアニストを１人連れて来るということでした。ギャラは30万ドルでした。２人あわせてのギャラですが、オーケストラを入れたオペラではなくリサイタルだから安いといえば安いものです。

サントリーホールでの公演では、僕は高円宮妃殿下に「お出ましになりませんか?」と電話でお誘いしたら、「ぜひ行きます」というお返事だったのでご招待しました。その日、公演の途中、けっこうな揺れの地震があって、妃殿下は隣に座っていた僕に「演奏、止めちゃうんじゃないかしら」とおっしゃいましたが、カウフマンはシャンデリアが揺れる天井をちょっと見上げたけど最後まで歌いました。ホールは2000人の観客で満席でしたが、無事、リサイタルは終わりました。終了後、貴賓室でカウフマンは妃殿下とお会いし、「今度はオーケストラで聴きたいですね」「是非やりますので、この次もいらしてください」というやり取りがありました。それでその日はハッピーで終わったのですが、東京、川崎とやって、次の大阪での公演でトラブルが起こったのです。

というのも、カウフマンが大阪に行くなら京都に泊まりたい、それも星野リゾートのホテルだと言い出したのです。彼は当時、奥さんとの間で離婚訴訟の最中だったのですが、新しい彼女ができたらしいのです。彼は今回の公演に子供3人を連れての来日でしたが、どうやら機内で知り合ったCAさんの入れ知恵で京都泊を言い出したようなんです。星野リゾートはひとり1泊10万円で、4人だと40万円かかります。しかも、小さい子供の宿泊は不可ということでした。僕は星野リゾートに知り合いがいたので、なんとか泊めてくれるように頼みこんでOKが出たのです。伴奏でつれてきたドイツ人のピアニストも泊まりたいというので5人分の宿泊となり、思わぬ出費となったわけです。

大阪ではウェスティンホテルのイタリアンで食事をし、カウフマンとは大いに気が合いました。彼はドイツ人にしては陽気で明るく、ナイスガイでした。僕が手掛けた3人のテノール歌手のなかでは一番好きでしたね。だけど、彼にはひとつ弱点がありました。なにしろすぐ公演をキャンセルするのです。僕は彼と来日公演を5回契約したのですが、そのうち2回がキャンセルになってしまいました。理由は「のどが痛いから歌えない」というものです。キャンセルのたびに金がかかります。広告宣伝費をかけていたし、チケットの払い戻しや押さえていたホールのキャンセル料もかかります。保険会社も、2回目の来日までは保険を掛けることができたけど、3回目以降、怖くて保険を引き受けてくれないようになっていました。

リサイタルでは、日本人はオペラのなかでもアリアが好きなので、有名なオペラからアリアを数曲選んで歌ってもらっていました。なかでもアイススケートの荒川静香さんが金メダルを取ったときの曲、「誰も寝てはならぬ」(「トゥーランドット」より)は一番人気で、コンサートではカウフマンだけでなくテノール歌手なら誰もが歌う人気曲でした。

僕はカウフマンが好きではありましたが、結局、関係は続きませんでした。というのも、17年から18年にかけてのことだったと思いますが、ギャラの振り込み口座をめぐって彼と揉めることになったからです。日本から海外口座への送金に関してはけっこう関係当局がうるさいんです。だからきちっと契約書に振り込み口座を明記しておきます。違う口座に振り込むには面倒な手続きがいります。カウフマンに関してはドイツとスイスの銀行口座が契約書に明記されています。

ところが、あるとき、向こうから中国の銀行口座に振り込むように指示が来たのです。中国の銀行なんて危なくてありえません。だから、僕は契約書に書いてある通りの口座にギャラを振り込みました。すると先方から、「なんで指示通りの口座に入れないんだ」というメールが来たのです。エージェントの名前の入った正式なメールです。仕方なく、その次には中国のその口座に入金しました。

案の定、その口座はハッキングされて金を横取りされてしまったわけです。向こうはうちを訴えると言ってきました。だけどこちらも、あらかじめ「この口座で大丈夫なのか」という問い合わせのメールを取引先の都市銀行からもらっており、「先方が指定するから指示に従う」としたメールのやり取りや、確かに入金したという記録も残っています。だからうちが裁判になっても負けることはありえません。金が消えたのは向こうの責任だったわけですから。

この件がきっかけでカウフマンとの関係は終わりになりました。振り返ってみれば、彼を呼ぶのに経費もかかっているし、5回のうち2回キャンセルされてうちも損を被りました。トータルでみたらそれほどの儲けにはならなかったわけです。

「コロナ禍」に手掛けたグリゴーロ

カウフマンを手掛けたことで、オペラ関係のアーティストの仕事が来るようになりました。それがイタリア人のグリゴーロでした。彼はミラノに住んでいますが、ニューヨークのメトロポリタン歌劇場でのオペラで主役をやった超一流のテノール歌手です。彼はロックにも興味を持っていて、ニューヨークでブルース・スプリングスティーンやスティングと共演したこともあります。僕はグリゴーロに「クラシックにくわしくはないけれど、彼らを日本に呼んだこともある。僕も彼らが大好きだ」と言うと、互いにたちまち意気投合しました。僕は彼に「3人で、日本でコンサートができたらいいね。クイーンの『ボヘミアン・ラプソディ』なんかやれたら最高だね」と言ったら、彼も「最高だ！」と答えました。僕はその仕事を人生最後のイベントにしたかったのです。

それは残念ながら実現しなかったのですが、彼単独のリサイタルはやりました。2019年、東京のサントリーホールと大阪。東京は完売でしたが、大阪はガラガラでした。それで翌年、もう1回やろうとしたらコロナ禍になって来日のビザがおりなかったんです。サントリーホールを押さえていたのですが、キャンセル料を取られてしまいました。コロナが終息に向かっていたころ、やっとビザが取れて来日となるわけですが、その間、コロナによって延期延期でぐちゃぐちゃでした。

彼との契約でも、揉めてばかりでした。うちが招聘した前後1年は来日してはいけないという約束になっていました。前後1年に来日されたらうちのチケットが売れなくなってしまうからです。ところが彼は約束を破って、うちのコンサートの前にオペラをやろうとしたのです。彼は前宣伝になるからいいだろうと主張してきました。しかたなく同意しました。彼は「ガラコンサート」（オペラ出演者が入れ替わり歌うコンサート）をやると言ってきました。10分間しか出演しないからいいだろうと言うのです。うちは3回のコンサートを約束していたので、それも断ろうとしたらコロナでビザがおりず、オペラも僕のほうも延期になりました。

そして21年11月12日、千葉県浦安市にある舞浜アンフィシアター（2000人規模）でやっとコンサートにこぎつけたのです。ピアニストの清塚信也、テノール歌手の秋川雅史も呼んで、クイーンの「ボヘミアン・ラプソディ」を歌ってもらいました。大阪でソロコンサートもやりました。彼は大阪市内のフェスティバルホールで他会社の公演をやったばかりだったので、堺市にできた新しいホールでやりましたが、ガラガラになってしまいました。

チェックアウトしないで帰国したフローレス

グリゴーロと並んで、フローレスも呼びました。19年にコンサートをやりました。彼はオーストリア国籍で超一流の歌い手です。僕はたいていのアーティストと初対面から意気投合できるのですが、彼に関しては最初からダメでした。なんというか、たいそう立派なことを言うのです。で、彼は来日に際して、若い人にオペラを教えたい、そういうワークショップをやりたいと言うのです。無料でテノール、ソプラノ、メゾソプラノ、バスの4人の若者を指導するというわけです。それには会場を押さえないといけないので、東京音楽大学のホールでやれるように大学に頼みました。

大学は、自分のところの学生を教えてもらえると思って快く協賛してくれることになりました。ところが、フローレスは自分の教え子にすると言って譲りません。結局、東京音大の話は流れてしまいました。成田空港に着いたとき、僕は説得できるのではないかと思っていたのですがダメでした。フローレスはサントリーホールと東京オペラシティでの2公演でした。

来日当日、僕は成田空港まで自分の車を運転して彼を迎えに行きました。これまでも、いつも僕は自分で迎えに行っていました。マゼールやスティング、ボン・ジョヴィのときもそうです。以前はベンツに乗っていて、フローレスのときはレクサスでした。マゼールは、僕が運転する隣の助手席に座りました。僕は「後ろに乗ってください」と言ったのですが、彼は「後ろに座ったら君はただの運転手になってしまう。そうじゃないから助手席だ」と言って譲らないわけです。そんな感じで、いままで僕の車で迎えに行って文句が出たことはありませんでした。

ところがフローレスは成田空港に着くなりウィーンのエージェントに電話して、「運転手がプロじゃない」と言って怒っています。ハイヤーでなければダメだというわけです。仕方ないからハイヤーを手配しました。次に宿泊するホテルで揉めました。この時の公演では、オペラシティのコンサートの模様をＮＨＫが収録することになっていました。ホテルは日本橋にあるシャングリ・ラにしてくれと言うのです。ただし、喉を傷《いた》めるから絨毯《じゅうたん》はダメだ、外してくれと要求してきました。僕はホテルに交渉に行きました。ホテル側は、絨毯を外すと靴音が階下の部屋に響くので、上下2部屋を借りてくれと言います。さらには利用後、元の状態に戻すのに別途費用が発生するというんですね。1泊100万円のスイートです。彼は、10年前に来日したときはまだ無名でビジネスホテル泊だったんですけどね。

来日の航空チケットでも揉めました。今回は、来日する飛行機では彼はファーストクラス、ピアニスト兼指揮者はビジネスクラスという待遇で交渉しました。彼は、ファーストクラスはやめてもいいからビジネスで3枚用意してくれと言います。それで僕は了解したのですが、向こうで契約書を勝手にファースト2枚、ビジネス1枚に書き変えていたんです。僕は英文の契約書をきちんと確認しないでサインしてしまっていました。来日するまで気づかなかったんです。これもやむをえません。

宿泊ホテルでは、シャングリ・ラと話がついて2部屋予約しましたが、来日1週間前になって、「シャングリ・ラよりパレスホテルがいい」と言い出しました。どうも奥さんに内緒で連れてきた愛人から言われたらしいんですね。仕方ない、シャングリ・ラには何度もお詫びしてパレスを押さえることにしました。だけど、部屋が満室で空いていません。僕は先方に、「新高輪プリンスではどうか。森に囲まれていて環境は良い」と伝えたのですが、格落ちだと拒否されました。カウフマンの時でさえ、サントリーホールのコンサートで宿泊はお隣のANAインターコンチネンタルホテルで1泊30万円のスイートだったんですよ。パレスもけっこうなお値段の部屋でした。僕はパレスの知り合いを通して、なんとか部屋を予約しました。

彼はオーストリアの国籍を取得しているけれども、もともとは南米ペルーの生まれです。来日中、彼はペルー大使館に挨拶に行きました。ペルー大使は当時の首相夫人の安倍昭恵さんを呼んでいました。それでフローレスは大使と彼女を招待するからチケットを3枚、無料で用意しろと要求してきたのです。そして昭恵さんには、今度の東京オリンピックに呼んでくれと直訴していました。当時、予定されていたテノール歌手が、セクハラ追放の「Me Too運動」で失脚し、来日できなくなっていました。その代わりに自分を呼んでくれというわけです。この厚かましさにはものすごく驚きました。

最終日、ワークショップは中止になりましたが、コンサートは無事終わりました。ところが彼はホテルをチェックアウトしないで帰ってしまったんですよ。夕方6時、ホテルから電話がかかってきました。「延泊されるんですか」と。彼はルームサービスの代金も払わずに帰ってしまったんです。僕は延泊代もふくめ、彼が踏み倒した金を代わりに支払ったんです。それっきり、フローレスとの関係は1回の来日で終わってしまいました。

結局、僕は3人の超一流テノール歌手を呼んだのですが、経費と手間がかかるばかりで、やってはみたものの赤字でしたね。その後、グリゴーロも「Me Too運動」で追い出され、イタリア以外では歌えなくなってしまいました。

終章 閉演のご挨拶

閉演にあたりご挨拶させていただきます。

私がこの音楽興行の世界に入ったのは、音楽が大好きな妻の影響でした。彼女は絶えず新しいトレンドを探していて、僕の良き理解者であり、アドバイザーでした。その妻が２０２３年３月２日、72歳の若さで鬼籍に入るとは夢にも思っていなかったので、無念でなりません。ここで僕の50年の活動を「呼び屋一代記」としてまとめ、亡き妻に捧げたいと思います。

振り返ってみれば、１９８０年代から90年代にかけての仕事が一番面白かったと思います。いま聴いても80年代ポップスは新鮮で、楽曲の黄金時代だったと思います。なぜ、80年代の曲がいまでも持て囃されているのかは専門の音楽評論家に解説してもらうほうがいいと思いますが、僕の持論でいえば、メロディー、リズム、テンポの良さなんだろうと思いますね。日本人が聴いても、英語だから歌詞の内容まではわからなかったと思います。２０２３

年春、大谷翔平の活躍などで野球のＷＢＣが日本で大盛り上がりしました。日本で中継するＴＢＳのテーマ曲はジャーニーの80年代の楽曲「セパレート・ウェイズ」なんですが、歌詞は恋の歌、しかも別々の道を歩むという野球とまったく関係ないものです。代表チームで一致団結するにはどうにも似合いません。名曲ですが、日本人にしてみたら意味はどうでもよくて、乗りの良さだけなんですよね。

僕のビジネスは、楽な商売なんだと認識しています。海外のエージェントがアーティストを売り込んできて、そのなかから売れそうなものをチョイスすればよかったのです。経験則に基づく先行指標があって、レコード・ＣＤがアメリカで１００万枚売れれば日本では10万枚売れる、10万枚売れるようなアーティストだったら日本武道館で１回公演ができるというものです。それでだいたい失敗はありません。

僕は向こうで売れたアーティストを呼んできただけです。ただし、この商売、人脈がなければ成り立たないということは言っておきたいです。そういう意味で、僕にとってはポール・オニールが大恩人だったというわけです。彼は後にビリオネア（10億万ドル長者）になりました。20世紀の終わりころ、彼は自身で作詞・作曲・演出を手掛けたロックオペラを公演しました。キリスト教をモチーフにしたオペラで、ニューヨークのマジソンスクエア・ガーデンクラスで50回やって都合100万人を動員しました。

このオペラは毎年クリスマスのときに必ずやります。一度、ポールから招待されて家族で観に行ったことがあります。そうしたら公演終了後、僕らが座っている席に突然、スポットライトが当てられて、「日本からザックが来てくれた」と紹介してくれるのです。観客は「誰だ?」と思ったでしょうね。その後、ニューヨークの「瀬里奈」で鉄板焼を食べました。当時、日本から出店していた高級和牛の店で、日本から直輸入した和牛のステーキを出していました。もともとポールはジャンクフードが大好きなんですが、僕は「こういう高級なものを食べなきゃだめだよ」ということで連れて行ったのです。そしたらポールは、「うまい!」と絶句しました。「いままで食べてきた肉は何だったんだ!」とね。

彼は僕に恩義を感じていました。本書でも触れましたが、85年のロックフェスで音楽舎がスティングやフォリナーら出演者のギャラを不払いしたとき、その尻ぬぐいをしてうちの会社が払ってあげたからです。12年に僕の会社「ザックコーポレーション」が倒産した時、ビリオネアになっていたポールは、僕に「アメリカに引っ越して来い」と言ってくれました。

結局、行かなかったのですが、その後、彼は2年に1度、毎回10万ドルの金を僕の口座に振り込んでくれました。都合、4回の振り込みがあって、それで途絶えました。病気で亡くなってしまったのです。本当に僕にとって彼は大恩人であり、大親友だったのです。

その後、僕はクラシックコンサートや、女装バレエ団「トロカデロ・デ・モンテカルロ」、Kポップ・グループの公演なんかを手掛けてきました。手持ち資金の面では独立してからの2000年代初頭が最盛期でしたが、これまでの人生を振り返ってみると、やはり仕事として面白かったのは、マドンナやスティング等を日本に呼んだ80年代から90年代までだったと思います。


2000年代に入ってからのスーパー・スターは数えるほどになってしまいましたからね。なんでだろうかと考えますが、ひとつには音楽業界を取り巻く環境が大きく変わってしまったからではないでしょうか。昔は、原価150円のCDを2000円から3000円で売って、当たれば大儲けができました。そのころは、コンサートはCDを売るためのプロモーション活動に過ぎなかったのです。

ところが、いまや音楽はネットで配信する時代になりました。アーティストはメジャーに頼らなくても自分で配信できるようになりました。コンサートの在り方も、ずいぶん変わりました。いまやＣＤは売れず、コンサートでしか利益が上がらなくなってしまいました。そうした音楽業界の変化と、スーパー・スターが生まれてこない現状とは大いに関係があるのではないかと思いますね。

宮崎恭一

1948年生まれ。音楽、映画プロデューサー。茨城県水戸市出身。茨城県立水戸第一高校卒。成蹊大学卒。早稲田大学大学院修了。1987年に西武百貨店事業部部長に就く。のちにザックコーポレーション代表取締役を務める。海外アーティストの来日公演をプロモートする「呼び屋」として、ボン・ジョヴィ、マドンナ、スティングらの招聘に成功する。'90年代には主にクラシック公演をプロモートし、その後K-POPアイドルの来日公演の先鞭をつけた。「クイーン」のフレディ・マーキュリーには生前、私邸に招かれるなど、特別な好意を抱かれた。

講談社＋α《プラスアルファ》新書 **883-1 D**

呼《よ》び屋《や》一《いち》代《だい》

マドンナ・スティングを招聘した男

宮崎恭一《みやざききょういち》

2025年1月15日第1刷発行

発行者——— **篠木和久**

発行所——— **株式会社 講談社**

東京都文京区音羽2-12-21 〒112-8001

電話 編集(03)5395-3522

販売(03)5395-5817

業務(03)5395-3615

デザイン——— **鈴木成一デザイン室**

カバー印刷——— **共同印刷株式会社**

印刷——— **株式会社新藤慶昌堂**

製本——— **株式会社国宝社**

KODANSHA

定価はカバーに表示してあります。

落丁本・乱丁本は購入書店名を明記のうえ、小社業務あてにお送りください。

送料は小社負担にてお取り替えします。

なお、この本の内容についてのお問い合わせは第一事業本部企画部「＋α新書」あてにお願いいたします。

Printed in Japan

ISBN978-4-06-538321-6

講談社+α新書

悪党　潜入300日　ドバイ・ガーシー一味
伊藤喜之
「日本を追われた者たち」が生み出した「爆弾告発男」の本当の狙いとその正体を明かす！
1100円 863-1 C

完全シミュレーション　台湾侵攻戦
山下裕貴
来るべき中国の台湾侵攻に向け、日米軍首脳は分析を重ねる。「机上演習」の恐るべき結末は——
990円 864-1 C

ナルコスの戦後史　ドラッグが繋ぐ金と暴力の世界地図
瀬戸晴海
ヤクザ、韓国反社、台湾黒社会、メキシコカルテル、世界の暴力金脈を伝説のマトリが明かす
1100円 865-1 C

The アプローチ　スコアを20打縮める「残り50ヤード」からの技術
タッド尾身
タイガー、マキロイ、ミケルソンも体現した欧米式ショートゲームで80台を目指せ！
1100円 866-1 C

「山上徹也」とは何者だったのか
鈴木エイト
安倍晋三と統一教会は彼に何をしたのか、彼の本当の動機とは、事件の深層を解き明かしてゆく
990円 868-1 C

在宅医が伝えたい
「幸せな最期」を過ごすために大切な21のこと
中村明澄
相続・お墓など死後のことだけでなく、じつは大切な「人生の仕舞い方」のヒントが満載
990円 869-1 B

「人口ゼロ」の資本論　持続不可能になった資本主義
大西広
なぜ少子化対策は失敗するのか？　日本最大の難問に「慶應のマル経」が挑む、待望の日本再生論
990円 870-1 C

薬も減塩もいらない
1日1分で血圧は下がる！
加藤雅俊
血圧を下げ、血管を若返らせる加藤式降圧体操を初公開。血圧は簡単な体操で下がります！
968円 871-1 B

1日3分！
血圧と血糖値を下げたいなら血管を鍛えなさい
加藤雅俊
血管は筋肉です！　つまり、鍛えることができます。鍛えるための画期的な体操を紹介します
968円 871-2 B

この間取り、ここが問題です！
船渡亮
間取りで人生は大きく変わる！　一見よさそうな間取りに隠された「暮らしにくさ」とは!?
1034円 872-1 D

俺たちはどう生きるか　現代ヤクザのカネ、女、辞め時
尾島正洋
スマホも、銀行口座も持てないのになぜヤクザを続けるのか。新たなシノギと、リアルな本音
990円 873-1 C

表示価格はすべて税込価格（税10%）です。価格は変更することがあります